Katastrophen,
Erdumwälzungen,
Sterben

Gott hat rechtzeitig gewarnt

Katastrophen, Erdumwälzungen, Sterben

Gott hat rechtzeitig gewarnt

Verlag DAS WORT GmbH

3., erweiterte Auflage Mai 2008
(1. Aufl. November 2004)

Max-Braun-Str. 2, 97828 Marktheidenfeld
Tel. 09391/504-135, Fax 09391/504-133
Internet: http://www.das-wort.com

Druck: Santec Studio und Druckerei GmbH,
Marktheidenfeld

ISBN 978-3-89201-275-7

Inhalt

Vorwort

Seit im November 2004 die erste Auflage dieser Broschüre erschien, hat das Thema der Katastrophen, vor allem im Zusammenhang mit dem Klimawandel, einen viel höheren Stellenwert im öffentlichen Bewußtsein und in den Medien erhalten. Man liest nicht mehr nur von einzelnen Naturkatastrophen und ihren Folgen, sondern immer deutlicher wird von seiten der Wissenschaft aufgezeigt, daß der Klimawandel, dessen Auswirkungen zunehmend dramatischer zutage treten, von den Menschen verursacht wurde. Die Brisanz der zahlreichen Forschungsergebnisse der letzten Jahre haben uns veranlaßt, diese Broschüre nun in einer erweiterten und aktualisierten Ausgabe herauszugeben. Während dieser Zeit konnte jedermann die rasch fortschreitende Entwicklung verfolgen, denn es verging kaum ein Tag, an dem nicht neue Berichte und Ereignisse an die Öffentlichkeit drangen, die immer drastischer und unverhohlener das kolossale Ausmaß der bedrohlichen Zuspitzung des Zustandes unserer Erde zutage treten lassen.

Angesichts der Tatsache, daß immer offensichtlicher wird, wohin das Weltenschiff treibt, stellt sich die Frage: Ist die Menschheit einer Art „Titanic-Syndrom" verfallen? Mega-Konzerte wollen ein „Bewußtsein für den Klimawandel“ schaffen, und Treffen von Politikern vermitteln den Anschein, als wäre noch eine nachhaltige Lösung der Problematik herbeizuführen. Die Wirklichkeit sieht anders aus. Sollte der Ernst der Situation auf unserem Planeten tatsächlich nur wenigen bewußt sein?

Hier nur ein paar Schlagzeilen aus den Medien, die deutlich machen, wo die Welt steht. Es sind nicht die einzelnen Meldungen von Stürmen, Überschwemmungen, Dürren, Erdbeben ..., die sich tagtäglich die Hand geben und somit bereits nach dem Druck dieses Buches schon wieder in Vergessenheit geraten wären. Immer öfter wird auch immer deutlicher auf offensichtlich irreversible globale Erscheinungen, Trends, Entwicklungen und Eskalationen hingewiesen, deren Auswirkungen und Konsequenzen unser Fassungsvermögen weit übersteigen. So ist z.B. folgendes zu lesen:

- Supervulkane: Ein Knall, der Erteile verwüstet. Forscher halten den Ausbruch eines Supervulkans noch in diesem Jahrhundert für durchaus realistisch. Allein in Europa warten zwei gigantische Vulkane auf die nächste Eruption. (Südd. Zeitung, 09.03.2005)

- Vieh beheizt Treibhaus. Die Viehwirtschaft gehört zu den Hauptschuldigen am Treibhauseffekt – was tun? (taz.de, 23.02.2007)

- Vier von zehn Menschen sterben an Umweltverschmutzung. Mehr als ein Drittel aller Todesfälle geht nach Berechnungen von US-Forschern auf Belastungen der Umwelt mit Chemikalien und Giften zurück. Umweltschäden können Mangelernährung, Malaria, Durchfall- und Atemwegserkrankungen zur Folge haben – und tödlich enden. (Spiegel-Online, 14.08. 2007)

- Bedrohung für Artenvielfalt: Globale Erwärmung könnte Massensterben auslösen. (Spiegel-Online, 24.10.2007)

- Die Welt wird lebensgefährlich. Wissenschaftler warnen im Bericht des Umweltprogramms der Vereinten Nationen (Unep), daß der dramatische Zustand der Umwelt das Überleben der Menschheit bedroht. (Süddeutsche Zeitung, 26.10.2007)

- Klimawandel bedroht Trinkwasserreserven Überschwemmte Wohngebiete, Seuchen, Millionen

Flüchtlinge – der Meeresspiegel wird als Folge der Erderwärmung ansteigen. Ein völlig unberücksichtigter Aspekt: Das eindringende Salzwasser mindert die Trinkwasservorräte. (Spiegel-Online, 7.11.2007)

- Alarmierender Bericht: Uno-Klimaexperten zeigen angsterregende Szenarien auf. Gletscher könnten abschmelzen, Tier- und Pflanzenarten aussterben. Bei steigender Temperatur drohen Überschwemmungen, Dürren, mehr Infektionskrankheiten: Der heute (17.11.2007) veröffentlichte Uno-Klimabericht zeichnet ein düsteres Bild. Die Erderwärmung ist nicht mehr zu stoppen. (Spiegel-Online, 17.11.2007)

- Klima-Crash 2035: Die Welt ist auf der Flucht. Der Welt-Klimarat prophezeit der Erde schmelzende Polkappen, verheerende Stürme, Dürren und sintflutartige Überschwemmungen. Millionen Menschen könnten zu Klimaflüchtlingen werden. (Bild am Sonntag, 2.12.2007)

- Klima-Studie: Zahl der Flutopfer verdreifacht sich bis 2070. (Welt.Online, 04.12.2007)

- Rückblick: 2007 – katastrophal wie nie. Sturmfluten, Waldbrände, schwere Erdbeben: Noch nie gab es so viele Desaster wie im vergangenen Jahr – fast 1000 Naturkatastrophen hat ein Versicherungskonzern gezählt. Die angerichteten Schäden sind kaum zu beziffern. (Spiegel-Online, 31.12.2007)

- Naturkatastrophen durch Klimawandel verdoppelt. Hungersnöte, Dürreperioden, Gletscherschmelze – Der Klimawandel ist offenkundig und nach Expertenmeinung sogar unumkehrbar. (Welt.Online, 21.1.2008)

- Forscher warnen vor Klima-Hungersnöten. Schon in rund 20 Jahren könnte der Klimawandel ganze Weltregionen in Hungersnöte stürzen. Für den Westen der USA wird bedrohliche Wasserknappheit vorausgesagt. (Spiegel-Online, 01.2.2008)

- Die Seuche Mensch hat die Weltmeere befallen. Nicht nur Ölteppiche durch Tankerunfälle und in die Meere geleitete Industrieabwässer, auch Überfischung und die Folgen des Klimawandels scheinen den Ozeanen unserer Erde den Rest zu geben. (Spiegel-Online, 15.02.2008)

- Warnung der UNO: Gletscher schmelzen im Rekordtempo. (Spiegel-Online, 16.3.2008)

- Greenpeace erwartet 200 Millionen Klimaflüchtlinge. Klimaexperte Karsten Smid warnt vor humanitärer Katastrophe. (Deutschlandradio, 2.4.2008)

Die Aufzählung dieser Meldungen wirft natürlich nur einige wenige Schlaglichter auf den Zustand unseres Planeten, doch es wird deutlich, daß sich die Situation der Welt dramatisch verschlechtert hat und die Zukunftsperspektiven sich – wie die Erde – rapide und zunehmend verfinstern. Eine sich immer rascher beschleunigende Talfahrt, für die es offensichtlich kein Halten mehr gibt.

„Wie kann Gott die Katastrophen, die Erdumwälzungen und das Sterben zulassen? Warum greift Gott nicht ein?“, fragt sich sicherlich so mancher Leser.
In dieser Broschüre zeigen wir auf, daß Gott den Menschen keine Katastrophen schickt – im Gegenteil: Gott hat rechtzeitig gewarnt!
Zu allen Zeiten sprach Gott durch gerechte Männer und Frauen, durch Seine Propheten. Gott, der Ewige, sandte sogar Seinen Sohn, Christus, den Mitregenten

der Himmel, als Menschen auf diese Erde. Gott mahnte, Er warnte und zeigte uns, Seinen Kindern, den Weg zurück zu unserem göttlichen Ursprung.
So mancher kennt die Worte Jesajas: *„Verheert wird die Erde, verheert, geplündert wird sie, geplündert. Ja, der Herr hat es gesagt. Die Erde welkt, sie verwelkt; die Welt zerfällt, sie verwelkt; Himmel und Erde zerfallen. Die Erde ist entweiht durch ihre Bewohner; denn sie haben die Weisungen übertreten, die Gesetze verletzt, den ewigen Bund gebrochen."* (Jesaja 24, 3-5)
Oder die warnenden Worte des Jesus von Nazareth: *„Und wenn ihr von Kriegen und Unruhen hört, laßt euch dadurch nicht erschrecken! Denn das muß als erstes geschehen; aber das Ende kommt noch nicht sofort."* Dann sagte Er zu ihnen: *„Ein Volk wird sich gegen das andere erheben und ein Reich gegen das andere. Es wird gewaltige Erdbeben und an vielen Orten Seuchen und Hungersnöte geben; schreckliche Dinge werden geschehen, und am Himmel wird man gewaltige Zeichen sehen."* (Lukas 21,9-11)

In dieser unserer Zeit schickte Gott wieder einen großen Propheten zu den Menschen; es ist Gabriele, die Prophetin und Botschafterin Gottes, durch die Er Seine Botschaft und die Mahnungen an die Menschheit

weltweit unüberhörbar verkündete und verkündet. Doch die Masse der Menschen, allen voran die Priesterkaste, die zu allen Zeiten gegen die Gottespropheten war, hörte und hört nicht auf Gottes Wort.
Nun hat die apokalyptische Zeit begonnen ...

Das Gesetz von Ursache und Wirkung

Es war ein geschickter Schachzug der kirchlichen Institutionen, ihren Gläubigen das Gesetz von Ursache und Wirkung, von Saat und Ernte, vorzuenthalten. Damit wurde der Grundstein gelegt für die sogenannten „Geheimnisse Gottes“ und den angeblichen „unergründlichen Ratschluß Gottes“. Für die Verbreitung einer solchen Lehre bedarf es natürlich studierter Theologen, die durch geschicktes Reden und das Praktizieren ritueller Handlungen den Menschen so lange weismachen, es bedürfe der Mittler, um Gott gnädig zu stimmen, daß die meisten Menschen diese Institution tatsächlich jahrhundertelang finanziell unterstützten. In diesen Tagen jedoch schwindet freilich der Glaube an die kirchlichen Institutionen immer mehr, denn viele Menschen begreifen, daß das sinkende Weltenschiff

auch von kirchlichen Würdenträgern nicht mehr zu retten ist.
Wie leer die Lehrmeinungen der Theologen sind, wurde nach der großen Tsunami-Katastrophe am 26.12.2004, einer der größten Naturkatastrophen seit Menschengedenken, besonders deutlich. Allerorten wurden nun die Fragen laut: „Wo ist Gott? Wie konnte Gott das zulassen?" Das ist eine Frage, für die es in der Kirche wohl einen Begriff gibt – es ist die sogenannte „Theodizee-Frage" –, doch eine befriedigende Antwort erhält man weder in der Luther- noch in der Vatikan-Kirche.

Von der Vatikan-Kirche wurden z.B. folgende Aussagen angeboten: Der österreichische katholische Kardinal Christoph Schönborn hielt am 19.01.05 eine Ansprache u.a. mit folgendem Wortlaut: *„Ich weiß auch nicht, ob es eine wirkliche Antwort auf diese Frage gibt: Warum das Leid? Oft ist das Verstummen, das stille Mitgefühl die einzige passende Haltung angesichts großen Leides."* Der Schweizer römisch-katholische Bischof Amédée Grab stellte im Rahmen einer Trauerfeier die Frage: *„Warum schläfst du, Herrgott? Warum versteckst du dein Gesicht, warum vergißt du unser Unglück?"* Und der deutsche Kardinal Wetter kam zu dem Ergebnis: *„...wir werden keine Antwort auf die Frage nach dem Warum finden. Wir mußten schmerzlich erfahren, daß wir nicht im Paradies leben ...“* Und Radio Vatikan publizierte am 28.12.2004 folgende Meldung: *„Die Katastrophe bringt nach Ansicht des Tübinger Dogmatikers Bernd Jochen Hilberath die Theologie in Erklärungsnot ... Antworten auf die Frage, wie Gott Katastrophen zulassen könne, seien in der Vergangenheit immer unbefriedigend ausgefallen ...“*

Diese Erklärungsnot der Theologie zeigte sich jedoch nicht nur in den Antworten der Vergangenheit, sondern ebenso in der Gegenwart, wie aus den zitierten Beiträgen katholischer Theologen deutlich wurde.

Doch nicht nur die Vatikan-Kirche tat sich schwer mit Antworten, auch die Theologen der Luther-Kirche waren ratlos. Der Präses der Evangelischen Kirche im Rheinland, Nikolaus Schneider, betonte, er habe *„keine theologisch-dogmatische Antwort über Gottes Wollen mitten im Wüten des Todes“*. Schneiders Erklärung: *„Gott spielt nicht mit seiner Schöpfung. Seine Schöpfung ist aber nicht perfekt.“* Auch nach Ansicht von Theologieprofessor Werner Klän von der Lutherischen Theologischen Hochschule in Oberursel im Taunus gibt es auf die Frage „Wo war Gott, als die Flut kam?“

keine allgemeine Antwort. Es sei *„eine Frage, die nicht zu beantworten ist“*, sagt er; Hilfe bei den Zweifeln gebe vielleicht das Bild von der *„Verborgenheit Gottes“*. Und der Evangelische Pressedienst veröffentlichte am 28.12.04 die Ansichten des Theologen Hans Gerhard Behringer wie folgt: *„... Die Frage ‚Warum läßt Gott das zu?‘ ist Behringer zufolge nur schwer zu beantworten. Die ‚Warum-Frage‘ stelle sich den Menschen meist dann, wenn das Leben brüchig werde. Es gehöre zur menschlichen Reife dazu, mit unbeantworteten Fragen leben zu lernen.“*

Erstaunlich eigentlich, daß sich erwachsene Menschen mit solchen „Antworten“ zufrieden geben und dafür auch noch bereit sind, Kirchensteuer zu zahlen! Doch dieser Theologe hält sich nur tapfer an Luther, den Gründer seiner Kirche. Denn für Luther war die Frage nach dem „Warum“ bei Unglück oder Wohlergehen die schlimmste teuflische Versuchung. Luther sagte: *„Die schwersten Anfechtungen sind, wenn der Teufel uns dahin bringt, daß wir nach den Ursachen des Wohlergehens und des Unglücks forschen ... Das ‘Warum’ hat alle Heiligen gequält.“* (Luther, Deutsch. Die Werke Martin Luthers in neuer Auswahl für die Gegenwart. Herausgegeben von Kurt Aland. Band 9:

Tischreden. Dritte, völlig neu bearbeitete Auflage, Stuttgart 1960; Reclam-Ausgabe, Ditzingen 1987, 672)
Anhänger des Luther müssen also mit unbeantworteten Fragen leben lernen, denn die Frage nach dem Warum, also die Anwendung logischen Deutungsvermögens, ist ihm zufolge eine teuflische Versuchung!
In der Vatikan-Kirche hat man neben den „Geheimnissen Gottes“ ein weiteres, rätselhaftes, doch auf alles anwendbares Argument eingeführt: „Credo quia absurdum“, was bedeutet „ich glaube, weil es absurd ist“. Dieser „Leitspruch“ wird auch deutlich in dem von Pater Eberhard von Gemmingen durch Radio Vatikan am 29.12.04 veröffentlichten theologisch-spirituellen Kommentar: *„Natürlich stellt sich nach einer solchen Naturkatastrophe auch für glaubende Menschen die Frage: Wo bleibt Gott? Wie kann er das zulassen? Ist er nicht allmächtig? Kann er so etwas nicht verhindern? Oder ist er allmächtig und will es nicht verhindern? Wie kann er der Natur ein solches Morden erlauben? Kein Wunder, daß sich solche Fragen stellen...“*
Die Frage „Wie kann Gott der Natur ein solches Morden erlauben?“ ist interessant. Unter Mord versteht man die vorsätzliche Tötung unter Umständen, die eine besondere Verwerflichkeit der Gesinnung des Täters

offenbaren. Da demnach die Natur ja nur durch die Erlaubnis Gottes „gemordet“ hat, müßte also nach vatikanischer Aussage Gott der Täter sein, der mit einer besonders verwerflichen Gesinnung gehandelt hätte. – ? – Das ist vielleicht katholisch, aber mit Christus und dem wahren Gott hat das absolut nichts zu tun! Oder spricht hier die Vatikan-Kirche ihre eigene Vorgehensweise an, die sie durch alle Jahrhunderte hindurch gegen Menschen, Tiere und Natur praktiziert hat? Eine Aussage des renommierten Kirchenhistorikers Karlheinz Deschner charakterisiert diese Kirche wie folgt: *„Nach intensiver Beschäftigung mit der Geschichte des Christentums kenne ich in Antike, Mittelalter und Neuzeit, einschließlich und besonders des 20. Jahrhunderts, keine Organisation der Welt, die zugleich so lange, so fortgesetzt und so scheußlich mit Verbrechen belastet ist wie die christliche Kirche, ganz besonders die Römisch-Katholische Kirche.“*

Doch lesen wir weiter, was Pater Eberhard von Gemmingen zu sagen hat: *„Solche Katastrophen können uns daran erinnern, daß wir Gott nicht in die Karten schauen, daß sein Tun ein Geheimnis, ein Mysterium ist, manchmal ein sehr schmerzliches Geheimnis ... Wenn wir meinen, Gott zu verstehen, war das eine*

Täuschung. Wir können nicht verstehen, wir können nur vertrauen, daß hinter allem doch ein Sinn steckt, den wir eines Tages in Seinem hellen Licht erkennen können. Heute aber bleiben wir im Dunkeln.“ Wenn die Theologen im Dunkeln bleiben wollen, dann ist das ihre Entscheidung. Es zeigt aber jedem wachen Menschen mit Herz und Verstand auf, wohin ihn die Theologen führen. Doch hierfür gibt es einen Ausweg, der bereits in der Johannes-Apokalypse sehr deutlich zum Ausdruck kommt. Dort heißt es: *„Geht hinaus aus ihr, mein Volk, daß ihr nicht teilhabt an ihren Sünden und nichts empfangt von ihren Plagen.“* (Offenbarung des Johannes, 18, 4)

Der katholische Theologe spricht von den Geheimnissen Gottes, die sehr schmerzlich sein können. Aber ist es nicht vielmehr schmerzlich, wenn Theologen, die sich christlich nennen, behaupten, daß Gott Geheimnisse hätte? Gott, der Ewige, hat Geheimnisse nicht nötig, sondern jene, die sich zwar damit schmücken, Gott studiert zu haben, doch von Ihm weniger wissen, Ihn weniger kennen als so mancher einfache Mann des Volkes.

Könnte es wohl sein, daß die „Geheimnisse Gottes“, von denen die Kirchen so gerne sprechen, als eine Notlüge bezeichnet werden können? Stellt sie eventuell eine Vortäuschung dar, einen Trick, um die Verfälschungen an der Lehre Jesu durch Theologen zu verdecken? Der folgenreichste Schritt in dieser Hinsicht wurde auf dem Konzil zu Konstantinopel im Jahre 553 vollzogen, wo durch Mehrheitsbeschluß die Lehre der Reinkarnation aus der Kirchenlehre verschwand. Damit eliminierte man auch das Gesetz von Ursache und Wirkung, von Saat und Ernte, obwohl es sogar wörtlich noch in der Bibel zu finden ist. Im Brief an die Galater, Kapitel 6, 7 heißt es: „*Täuscht euch nicht: Gott läßt keinen Spott mit sich treiben; was der Mensch sät, wird er ernten*".

Hätten die kirchlichen Theologen das Wissen um diese Gesetzmäßigkeit nicht unterschlagen, dann wären viele Jahrhunderte lang so viele Menschen ihrem Schicksal nicht hilflos ausgesetzt gewesen, hätten dieses verstehen und es bewältigen können. So hätten viele die Chance wahrnehmen können, über Einsicht und Umkehr ihres Verhaltens zu Eigenständigkeit und Sicherheit in sich selbst und zu höherer Lebensqualität zu finden.

Da das Gesetz von Ursache und Wirkung für uns Menschen von zentraler Bedeutung ist, erklärte es Christus bereits in den ersten göttlichen Botschaften aus dem All durch Gabriele. Im Jahre 1980 sprach Er:

„... Was bedeutet 'Ursache und Wirkung' oder 'Was wir aussäen, das werden wir ernten'? O seht! Auch 'Aktion schafft Reaktion!', so spricht der Mensch. Trotzdem kann er diese Urächlichkeiten und Wirkungen nicht begreifen. In dieser Stunde möchte Ich euch die Ursächlichkeiten des Menschen, die an dieser Erde geschehen, näher bringen.

Meine lieben Kinder, ihr sollt euch nun eure Erde, euren Wohnplaneten, als einen großen Menschen vorstellen! Wollen wir ihn den Erd-Menschen nennen. Die einzelnen Organe habe Ich schon erörtert. Nun spreche Ich unter anderem vom Kleid des großen Erd-Menschen. Das Kleid besteht aus dem Mineral-, Natur- und Tierreich. Die Magnetfelder des Erd-Menschen sind die Nervenzentren, die Erdmagnetströme sind die Nervenbahnen. Was besitzt ihr? Euer Momentan-Kleid ist ebenfalls aus der Substanz der Erde, somit Wasser und Erde.

O sehet! Durch sämtliche Lebensformen, durch die Organe des Erd-Menschen, durch das Kleid, strömt das ewige Leben Gottes. Wenn der Mensch nun wider diesen Erd-Menschen handelt, so handelt er auch zugleich wider sein eigenes Leben. Wenn der

Mensch wissen würde, sobald er ein Tier schändet, beschädigt er seinen eigenen Körper, indem er seine Seele verschattet und die innere Kraft, die Geistkraft, reduziert! Der unwissende Mensch tritt und handelt bedenkenlos auf diesen großen Erd-Menschen! Er zerstört bewußt und unbewußt das Natur- und Tierreich!

O sehet! Es wird Schlachtvieh gezüchtet. Die vorausgegangenen Gedanken bestehen schon auf dem gegensätzlichen Wort 'Tod' – Töten für Fleischnahrung! Wiederum handelt der Mensch am großen Gesetz Gottes. Er widersetzt sich dem Gebot 'Du sollst nicht töten!' Das gilt auch für den großen Erdmenschen, für diese Erde. Alles, was mutwillig geschieht, dringt in eure Seele ein und belastet sie. So zerstört der Mensch ununterbrochen diese Erde. Er schädigt den großen Erd-Menschen und denkt nicht näher darüber nach, daß sich dieser große Erd-Mensch einst wehrt ...“

Liebe Leser, heute müssen wir bereits erleben, wie sich der große Erd-Mensch wehrt! In Seiner Botschaft sprach Christus weiter:

„... *So werdet ihr Menschen fragen: 'Woher sollen wir wissen, daß, wenn wir die Erde schädigen, die*

Wirkung auf uns zurückfällt? Uns wurde nicht gesagt, schädigt nicht die Erde, sondern nehmt, was euch die Erde gibt!'
Nehmt ihr tatsächlich das, was euch die Erde gibt? Seid ihr nicht immer wieder und wieder bestrebt, noch mehr aus der Erde zu schöpfen? Wahrlich, Ich sage euch: Ihr Menschen habt noch nicht begriffen: Je mehr ihr aus der Erde schöpfen wollt, um so weniger wird sie euch in kommender Zeit geben, weil ihr das Innere Leben und somit die Konstellation verändert. Ihr seid die Urheber dieses kommenden Geschehens.
Die wenigsten Menschen erkennen das Kommende. Und wenn sie davon hören, dann denken sie an Gott, den strafenden und züchtigenden Herrn. O nein! Was ihr aussät, werdet ihr ernten – außer ihr wendet euch! ..."

Klare Worte, die Christus damals zu uns Menschen sprach! Der Urheber des kommenden, immer deutlicher sich abzeichnenden Geschehens ist kein strafender Gott, sondern der Mensch. Bedenken wir: Zum damaligen Zeitpunkt, im Jahre 1980, hätten auf der Erde doch noch viele Menschen umkehren, und dadurch hätte sich noch manches zum Guten wenden können.

In den folgenden Jahren wies die göttliche Welt durch Gabriele deshalb uns Menschen immer und immer wieder auf das Kausalgesetz, das Gesetz von Ursache und Wirkung, hin. Im Jahre 1986 z.B. erklärte Bruder Emanuel, der Cherub der göttlichen Weisheit, durch Gabriele uns Menschen erneut:

„Liebe Freunde, auf jede Aktion erfolgt die Reaktion. Viele Menschen fragen, wie wohl die Zukunft sein werde, was sich wohl in der Zukunft ereignen würde.

Es gibt viele Prophezeiungen. Auch die Worte aus der Bibel sagen einiges, denn Jesus sprach schon von der kommenden Zeit. Viele lauschen den Massenmedien, lesen Zeitungen und Zeitschriften und erfahren, was sich in dieser Welt tut. Und wie schon offenbart, macht sich jeder mehr oder weniger Gedanken, was wohl die Zukunft bringt. Liebe Freunde, was bringt die Zukunft? Jesus von Nazareth hat es gesagt: Die Zukunft bringt das, was Menschen in den vergangenen Zeitepochen und in dieser Zeitepoche gesät haben."

Das Schimpfwort „Endzeitapostel". Heute spotten die Theologen nicht mehr

Die Kirchen merkten bald, daß die Lehre des Gottesgeistes durch Gabriele, die Prophetin und Botschafterin Gottes, ebenso revolutionär ist, wie es die Worte des Jesus von Nazareth vor 2000 Jahren waren. Die Lehre Gottes ist genial und klar und in ihrer Logik so einfach, daß es dafür keiner Mittler bedarf.

Auch das Urchristentum von heute hat keine Priester. Es stützt sich auf keinen Menschen, sondern einzig auf Jesus, den Christus, den großen Geist der Unendlichkeit, Der in jedem von uns wohnt. Kein Mensch kann einen anderen Menschen zu Gott, unserem Vater, führen, ausschließlich Christus. Der Weg zu Gott ist der Innere Weg, denn Gott wohnt nicht in Tempeln aus Stein; jeder Mensch kann Ihn nur in sich selbst erfahren. Für diesen Weg zum Kosmischen Bewußtsein bedarf es keiner Priester, keiner Exzellenzen, Eminenzen, Pfarrer und wie sie sich alle nennen mögen, doch es gibt einen Wegweiser; es ist Gabriele, die Prophetin und Botschafterin Gottes. Sie ist allen Menschen ein Vorbild, doch gehen kann diesen Weg nur jeder Mensch selbst.

Diese Tatsache – Eigenständigkeit, Unabhängigkeit und völlige Freiheit des Menschen in seinem Verhältnis zu Gott – stellt für die Machtinstitution Kirche eine große Gefahr dar. Deshalb sandten sie ihre Verleumdungsbeauftragten, um mit der Prophetin der Jetztzeit das zu tun, was sie mit allen erleuchteten Männern und Frauen getan haben.
Christus sprach im Jahre 1980:

„Wie Ich zu Beginn Meines Wortes sagte: Immer wieder versuchte der Geist, die allumfassenden Wahrheiten der Himmel der Menschheit zu offenbaren. Die Menschheit jedoch hat den Geist zum Schweigen gebracht, indem sie die Verfolgung und die Tötung der Propheten, oder Verkünder genannt, bejahte.
Noch einmal versucht der Geist Gottes, euch Menschen zur Umkehr zu bewegen...“

Der Gottesgeist versuchte es, indem Er wie zu allen Zeiten die Menschen warnte vor ihren Ursachen, die sie als Wirkung treffen würden, wenn sie sich nicht rechtzeitig änderten. Doch die Theologen verhielten sich wie eh und je. Da Scheiterhaufen heutzutage nicht mehr zeitgemäß sind, es somit nicht mehr möglich ist, einen Propheten durch seine Ermordung auszuschalten, versuchten sie, die Prophetin Gottes durch Rufmord und Lächerlichmachung zum Schweigen zu bringen. Wer an das Gotteswort glaubte, wurde als „Endzeitapostel“ verhöhnt.

Neun Jahre später, nachdem der Gottesgeist durch Prophetenmund in zahlreichen göttlichen Botschaften die Menschheit gewarnt hatte, sagte der Geistige Lehrer, Bruder Emanuel:

„Zu allen Zeiten warnte der Geist Gottes, mahnten Christus, euer Erlöser, und die Boten des Lichts.“

Dann sprach er über unsere Schwester Gabriele:

„Vor mehreren Jahren, als unsere Schwester das Innere Wort empfing, sprach der ewige Geist Theologen an. Briefe gingen zu Bischöfen und zu dem sogenannten ‘Papst’, welcher der katholischen Seite vorsteht. Christus mahnte, Christus warnte, Christus zeigte die Schwächen auf, Christus rief durch Menschenmund, durch Sein Instrument, zur Umkehr, sprach von der kommenden Zeit.

Er bat die Menschheit, umzukehren, bat die Theologen, die Bischöfe, den sogenannten Papst, das christliche Leben anzustreben und nicht das menschliche. Was kam zurück? Hohn, Spott, Verachtung,

Lächerlichmachung und vieles mehr – bis zum heutigen Tag.“

Zwei Jahre später, 1991, griff Christus dieses Thema wieder auf. Doch nun, da die Menschen auf das Wort Gottes nicht hatten hören wollen, hatte eine andere Zeit begonnen. Die Zeiger der großen Kosmischen Uhr waren weitergerückt. Christus sprach:

„Vor vielen Jahren mahnte Ich aufs neue durch Mein Instrument. Gerade jene, die in den christlichen Religionen waren und sind und sich als Christen bezeichnen, klagen die an, die von der sogenannten Endzeit sprachen: Es wären sogenannte Endzeitjünger, die das Volk aufwiegeln wollen, um eine äußere Machtstruktur aufzubauen durch Angst und dergleichen. – Wer war ihnen hörig? Der wird heute mit ihnen sein.

Meine Kinder in aller Welt: Es gibt kein Zurück mehr! Die Fluten stehen auf. Die Feuersbrünste werden immer größer. Hungersnöte, Katastrophen, Kriege und dergleichen wechseln sich schon ab. Welches Land wird verschont bleiben? Das Land, welches das Innere Reich ist.“

Von Jahr zu Jahr wurde nun deutlicher, daß der Gottesgeist beileibe keine Panik gemacht, sondern einzig die

Menschen, Seine Kinder, fürsorglich rechtzeitig gewarnt hatte, um sie vor Unheil zu bewahren. Seit einigen Jahren ist von seiten der Theologen jedoch kein Lachen mehr darüber zu hören, denn jetzt bestätigen auch Wissenschaftler das, was der Gottesgeist schon viele Jahre zuvor offenbart hatte.

In den Medien wird der menschengemachte Klimawandel und seine katastrophalen Folgen nun mehr und mehr thematisiert. Die Kirche hat den Trend erkannt, und nun versuchen die Amtsträger der Institutionen Kirche auf den längst abgefahrenen Zug aufzuspringen, indem sie sich plötzlich als Klimaschützer ausgeben: Papiere werden geschrieben, Gespräche geführt und Bündnisse geschlossen. Doch in Wahrheit waren und sind es letztlich die Kirchenführer, die für die drohende Klimakatastrophe die Verantwortung tragen. Denn sie waren es, die die Warnungen des Gottesgeistes lächerlich gemacht und mit Füßen getreten haben.
Mehr über den systematischen Kampf der Priesterkaste gegen die Prophetin Gottes, Gabriele, erfahren Sie in dem Buch *„Der Schattenwelt neue Kleider. Die Inquisition der Jetztzeit. Klimawandel: Gott hat rechtzeitig gewarnt.“* (Verlag DAS WORT, ISBN 978-3-89201-236-8)

In dem hier vorliegenden Buch liegt der Schwerpunkt darauf, die göttlichen Botschaften aus dem All den wissenschaftlichen Fakten gegenüberzustellen. Dadurch sollen viele Menschen die Möglichkeit erhalten, sich selbst ein Bild zu machen.

Infektionskrankheiten und Seuchen

Bereits Jesus von Nazareth kündigte vor 2000 Jahren eine Zeitenwende an. Dies ist auch heute noch in den Bibeln nachzulesen, z.B. bei Lukas 21,10 – 11, wo es heißt: *„Dann sprach er zu ihnen: Ein Volk wird sich erheben gegen das andere und ein Reich gegen das andere, und es werden geschehen große Erdbeben und hier und dort Hungersnöte und Seuchen; auch werden Schrecknisse und vom Himmel her große Zeichen geschehen."*

An diese Aussagen knüpfte Christus im Jahre 1988 an, als Er durch Gabriele folgendes sprach:

> *„Als Jesus von Nazareth kündigte Ich die große Zeitenwende, die Katastrophen und vieles mehr an: Ein Volk wird wider das andere sein; Pestilenzen, Hungersnöte, Krankheiten und Seuchen werden*

kommen; doch das Blatt hat sich noch nicht vollkommen gewendet. Kriege und vieles mehr, Erdkatastrophen und dergleichen, werden das Blatt wenden, und dann leuchtet das Innere Reich, das Reich des Friedens, auf dieser Erde."

Im Verlauf dieses Buches werden wir auf die einzelnen Themen noch genauer eingehen. Beginnen möchten wir mit den Krankheiten und Seuchen, die in den letzten Jahren weiter auf dem Vormarsch sind. Christus hat durch Gabriele öfter davor gewarnt. Im Jahre 1991 sagte Er z.B.:

„Denn: Was Ich als Jesus von Nazareth angedeutet habe, das bricht j e t z t über die Menschheit herein – Kriege, Naturkatastrophen, Bürgerkriege, Hunger, Not, Leid, Elend, Krankheiten und vieles mehr. Ja, die verunreinigte Erde bäumt sich auf und verschlingt gar viele."

Und 1992 wies Christus auf folgendes hin:

„Blicket in eure Welt und erkennet: Die Schicksalsschläge, die Krankheiten, die Nöte, die Seuchen, die Katastrophen nehmen mehr und mehr zu. Das bedeutet also, daß sich die Erde schüttelt. Sie liegt im Fieber und gibt alles ab, was nicht zum Innersten der Erde gehört, nicht zum reinen Sein."

Wie die Entwicklung hinsichtlich der Infektionskrankheiten und der Seuchen verläuft, können Sie den folgenden Fakten entnehmen:

- Seuchen und Infektionskrankheiten sind weltweit wieder auf dem Vormarsch; sie machen 41% aller Todesursachen aus, und jährlich sterben 17 Mio. Menschen daran.

- Seit 1980 sind 35 neue Infektionskrankheiten aufgetaucht – in kurzer Zeit so viele wie nie zuvor.

- Etwa ein Drittel der Weltbevölkerung ist mit Tuberkuloseerregern infiziert, schätzt die WHO. Mittlerweile führt Tuberkulose weltweit die Statistik der tödlichen Infektionskrankheiten an. Besorgniserregend ist laut WHO die Resistenz-Entwicklung der Tuberkulose-Erreger: Jedes Jahr kommen allein eine halbe Millionen Neuerkrankungen durch multiresistente Erreger hinzu, bei denen die gängigen bei Tuberkulose eingesetzten Antibiotika nicht mehr wirken. Eine besonders gefährliche Variante der Tuberkulose-Erreger, die gegen fast alle Antibiotika resistent ist, hat sich mittlerweile in 45 Ländern ausgebreitet.

- Die Pest ist längst nicht ausgerottet. 1000 bis 3000 Fälle pro Jahr registriert die Weltgesundheitsorganisation (WHO). Eine Forschergruppe hat einen Appell veröffentlicht, der vor neuerlichen großen Ausbrüchen der Pest warnt; die Zahl der beobachteten Fälle nimmt in einigen Regionen erneut zu. Sorgen machen den Forschern nicht zuletzt Antibiotika-Resistenzen.

- Mit etwa 100 Millionen Fällen im Jahr und 25 .000 Todesfällen ist das Dengue-Fieber die weltweit am meisten verbreitete von Mücken (Gelbfiebermücke, Asiatische Tigermücke) übertragene Krankheit, die sich ebenfalls mit Hochgeschwindigkeit ausbreitet. Ihr verstärktes Auftreten in Südamerika und Südostasien ist um so beunruhigender, als es nahezu keinerlei Mittel zu ihrer wirksamen Bekämpfung gibt.

- Jährlich sterben 1,5 bis 2,7 Millionen Menschen an Malaria, etwa die Hälfte davon sind Kinder unter fünf Jahren. Die Zahl der jährlichen Neuerkrankungen wird auf 300 bis 500 Millionen Fälle geschätzt.

- 11.000 Menschen infizieren sich jeden Tag neu mit Aids, 8000 sterben daran täglich. Seit der Entdeckung des Aidsvirus 1981 wurden bis zum Jahr 2005 25 Millionen Aidsopfer gezählt; 88 Millionen werden sich wohl in den nächsten zehn Jahren infizieren. 33 Millionen Menschen leben mit Aids, rund 2,1 sind Kinder unter 15 Jahren. Jugendliche zwischen 15 und 24 Jahren machen rund 40% aller HIV-Neuinfizierten aus.

- Zu einer tückischen Seuche entwickelt sich die Hepatitis. Vor allem die Hepatitis C ist eine chronische Erkrankung mit seuchenähnlichem Ausmaß. 400 Mio. Menschen weltweit leiden an dieser Erkrankung; auch in Deutschland sind ca. 800.000 von dieser Krankheit betroffen. Hepatitis C ist heute in Deutschland eine der zehn häufigsten Todesursachen.

- Im Jahr 2008 gab die Weltgesundheitsorganisation (WHO) bekannt, daß derzeit bereits 150.000 Menschen pro Jahr durch klimabedingte Krankheiten und Verletzungen sterben. Allein in Europa habe der extrem heiße Sommer im Jahr 2003 mehr als 70.000 Hitze-Opfer gefordert.

Klimawandel

Die göttliche Welt warnte nicht nur vor vermehrt auftretenden Seuchen und Krankheiten, sondern wies in diesem Zusammenhang auch des öfteren auf weitere erdumwälzende Veränderungen hin. Bereits 1980 sprach die geistige Welt durch Gabriele:

„Immer wieder wird von Polveränderungen und Springfluten gesprochen. Ich sage euch, die Pole werden sich kolossal verändern und auf dieser Erde wird ein unendliches Leid einsetzen; Krankheiten, die die Erde und die Menschen noch niemals besessen haben. Die Meere werden sich neue Becken suchen; euere schönen Täler werden die Wasserbecken sein."

Was 1980 für viele Menschen noch unvorstellbar war, wird heute bereits mehr und mehr sichtbar; die Polkappen schmelzen, Springfluten nehmen zu, und die Wissenschaftler warnen vor einem extremen Anstieg des Meeresspiegels.

Auch die Frage, ob der Mensch das Klima verändert, ist schon längst von der internationalen Klimaforschung mit ja beantwortet. Der globale Klimawandel ist in vollem Gange, und seine Anzeichen sind unverkennbar.

- Der Mensch muß heute vier mal öfter mit einer Katastrophe rechnen als vor 20 Jahren. Wurden in den frühen 80er Jahren noch weltweit jährlich etwa 120 Naturkatastrophen wie Dürre, Überschwemmungen und Stürme gezählt, liegt diese Zahl aktuell bei etwa 500! Nach diesem Ergebnis einer Studie der Britischen Hilfsorganisation Oxfam ist in Zukunft mit einer weiter steigenden Zahl von Katastrophen zu rechnen. Als den Hauptgrund für den massiven Anstieg nennt Oxfam die globale Klimaerwärmung. Aber nicht nur die Anzahl der Umweltkatastrophen steigt, auch die Intensität und die Anzahl der betroffenen Menschen wird weiter zunehmen. Seit Mitte der 80er Jahre stieg sie um fast 70%.

Die göttliche Welt hat also rechtzeitig gewarnt; z.B. tat dies Christus bereits 1984, indem Er darauf hinwies:

> *„Die Zukunft der Menschheit steht in der Atmosphäre geschrieben. Auch die Erde und die Meere geben Zeugnis von dem, was der Mensch ausgesät hat. Wahrlich, wahrlich, Ich sage euch: Die Zeit ist nahe, wo die Wasser viele Menschen hinwegnehmen werden, wo sich der Planet Erde aufbäumt und alles verschlingt, was ihm habhaft wird. Und es*

wird sein, daß die Wasser viele Teile der Erde reinigen. Und es werden unterschiedliche klimatische Verhältnisse auftreten...“

Und zwei Jahre später – 1986 – erklärte ein hohes Geistwesen aus den Himmeln, genannt Bruder Emanuel, durch Gabriele:

„Die atomare Kraft verunreinigt nicht nur die Meere, die Flüsse, Seen, die Erde. Die atomare Kraft heizt die Meere auf – die sogenannten Polkappen beginnen zu schmelzen. Zu eurem besseren Verständnis: Die Meere sind der Herd – die Herdplatte ist die Erde. Die Meere werden an- und aufgeheizt, die Herdplatte beginnt zu glühen. All diese negativen Schwingungen wirken auf Seelen und Menschen ein; Erdbeben, Vulkanausbrüche und dergleichen sind die sogenannten Naturkatastrophen. Die Katastrophe setzt sich aber auch unter den Menschen fort: Das Klima verändert sich, die Menschen werden angeheizt – das Nervensystem verkrampft sich. All das, was der Mensch im Ober- und Unterbewußtsein und in den Seelenhüllen gespeichert hat, kommt zur Wirkung. Was geschieht auf dieser Erde? Mord, Feindschaft, Rivalitäten, Bürgerkriege...“

Das Schmelzen der Polkappen und die Meereserwärmung, wovor die göttliche Welt bereits in den 80er Jahren des vorigen Jahrtausends warnte, ist heute eine dramatische Realität:

- Die Arktis taut schneller ab, als es die bisherigen Klimamodelle vorausgesagt haben. Im Sommer 2007 erreichte die Schmelze der Arktis ihren vorläufigen Höhepunkt: Im September wurden im arktischen Meer 23% weniger Treibeis registriert als beim letzten Rekordtief. Daten der NASA zeigten im Jahr 2008, daß der Anteil des zwei bis fünf Jahre alten Dauereises an der gesamten Eisdecke von 40% im Winter 2006/2007 auf nur 30% im Winter 2007/2008 (also im Verlaufe nur eines Jahres!) gesunken ist. Die verlorene Eisfläche in der Arktis sei eineinhalb Mal so groß wie Alaska. Der US-Klimaforscher Jay Zwally, der bei der Nasa Satellitendaten auswertet, stellt die Prognose: „Bei diesem Schmelztempo könnte der Arktische Ozean am Ende des Sommers 2012 so gut wie eisfrei sein, viel schneller als in früheren Voraussagen."

- Grönland hat im Jahr 2007 doppelt so viel Eis verloren, wie es in den gesamten Alpen gibt. Grönlands Eisschild ist die große Unbekannt in allen bisherigen Klimamodellen zur Berechnung des Meeresspiegelanstiegs. Eine US-amerikanische Forschergruppe hat 2008 eine Studie veröffentlicht, in der erstmals das Schmelzverhalten und die Dynamik der Grönland-Gletscher genau untersucht wurde. Ihre Ergebnisse sind alarmierend: Der Meeresspiegel wird bis zum Ende des Jahrhunderts um 36 bis 118 Zentimeter ansteigen; das ist doppelt so viel, wie bislang vom IPCC vorhergesagt. Und das ist nur der Wert für das globale Mittel! Je nach Veränderung von Meeresströmungen und Kontinentalplattenbewegungen kann es lokal auch zu Absenkungen oder Anstiegen um mehrere Meter kommen. Grönland verfügt über genug Eis, um den Meeresspiegel im Extremfall um fast sieben Meter ansteigen zu lassen.

Wenige Tage nach der Bekanntgabe dieser Fakten seitens der US-amerikanischen Forschergruppe veröffentlichten Wissenschaftler vom britischen Proudman Oceanograpic Laboratory, daß der Meeresspiegel bis 2100 bereits um bis zu eineinhalb Metern ansteigen könnte. Das ist dreimal so viel, wie der Weltklimarat 2007 angegeben hat. Treffen die Berechnungen der Forscher zu, dann sind im Jahr 2100 rund 90% des dicht besiedelten Landes Bangladesch überflutet. Afrika und Asien würden durch einen höheren Meeresspiegel am schlimmsten getroffen. Die Volksrepublik China müßte etwa 72 Millionen Menschen umsiedeln.

- Bei einem Anstieg des Meeresspiegels um 1 Meter lägen in Deutschland knapp 14.000 Quadratkilometer Küste und Hinterland an Nord- und Ostsee unter der Wasserlinie. Das entspricht etwa 4% der gesamten Landesfläche und einem Gebiet, in dem derzeit über drei Millionen Bundesbürger leben. Eine weitere Folge der anschwellenden Wasserstände: Sturmfluten rücken tiefer ins Binnenland vor.

- Ohne Gegenmaßnahmen – sofern solche überhaupt auf Dauer Erfolg versprechen – würden bei einem Anstieg des Meeresspiegels um 1 m weltweit 150.000 km^2 Landesfläche dauerhaft überschwemmt werden, davon 62.000 km^2 küstennaher Feuchtgebiete. 180 Millionen Menschen wären betroffen, und ein Schaden in Höhe von 1,1 Billionen Dollar wäre zu erwarten (bei heutiger Bevölkerung und Besitzstand).

- Die bis zu 4.000 Meter mächtige Eisdecke der Antarktis ist das größte Eisreservoir der Erde. Doch nun sorgt die Klimaerwärmung dafür, daß selbst im „Gefrierschrank“ unseres Planeten das Eis zu tauen beginnt. In der Westantarktis sind allein im Jahr 2006 rund 132 Milliarden Tonnen Eis verloren gegangen, davon 60 Milliarden Tonnen nur von der Westantarktischen Halbinsel. Diese Menge zeigt auch, daß sich das Schmelzen der antarktischen Gletscher damit in den letzten zehn Jahren deutlich beschleunigt hat, das stellen Wissenschaftler der Universität Bristol fest. Insgesamt hat sich der Eisverlust des gesamten antarktischen Schildes in den letzten zehn Jahren um 75% (!) beschleunigt.
  Das Abschmelzen und Zerbrechen der Eisblöcke in der Antarktis trägt zum Anstieg des Meeresspiegels bei, weil dabei auch Eis vom Land in die See rutscht. Schon seit Jahren beobachten Forscher an bestimmten Punkten des Kontinents ein verstärktes Abschmelzen des Eises.

- Wissenschaftler vermuten, daß neben der Erderwärmung ein Vulkan unter der Eisschicht der Westantarktis zu dem stark zugenommenen Abschmelzen des Gletschereises beiträgt. Sein Ausbruch ereignete sich zwar bereits vor rund 2.000 Jahren, der Vulkan ist jedoch noch immer aktiv.

- Der grönländische Eispanzer verliert nach Erkenntnissen des Berliner Polarforschers Prof. Wilfried Korth jedes Jahr bis zu 150.000 Tonnen Eis – eine Folge der globalen Erwärmung. Im Sommer 2007 wurde die bislang geringste Ausdehnung und Dicke des arktischen Meereises festgestellt. Die Flächenveränderung des Eises ist schon länger bekannt, doch nun wurde auch die Dicke des Eises vermessen und ergab einen deutlichen Rückgang von 2,50 Meter im Jahr 1998 auf einen Meter (!) im September 2007.

- Das Wasser in Nord- und Ostsee wird immer wärmer, hat ein deutsch-dänisches Forscherteam herausgefunden. In der Zeit von 1985 bis 2000 ist der Mittelwert der Wassertemperatur in den Monaten Juli bis September um insgesamt 1,4 Grad gestiegen. Damit ist der Anstieg dreimal so hoch, wie vom UNO-Klimabericht prognostiert.

1986 verglich Bruder Emanuel die Erde mit einer „Herdplatte"; fünf Jahre später, 1989, sprach er durch Gabriele:

„Erkennt: Durch die Ursachen der Menschen ist die Erde zum Feuerofen geworden. Schichten der Atmosphäre lösen sich auf – die Welt ist wie ein Dampftopf, der auf der Erde steht; sie kocht ... So erkennt: Noch dehnen sich die Wüsten aus, doch wenn die Wasser kommen ...
Liebe Brüder und Schwestern, nur Streiflichter der Zukunft, die in Wirklichkeit schon Gegenwart sind – denn vieles wird euch verschwiegen ...“

Diese Taktik des Verschweigens ist heute so aktuell wie im Jahre 1989. Ein Beispiel dafür sind z.B. die alarmierenden Berichte des nobelpreisgekrönten Weltklimarats (IPCC „Intergovernmental Panel on Climate Change“), die im Jahre 2007 unter großem Interesse der Medien und der Bevölkerung erschienen sind. Das Ergebnis der Berichte: Die Situation des Klimawandels sei zwar dramatisch, könne aber noch verhindert werden. Im April 2008 wurden jedoch Stimmen von Klimatologen laut, die dem Weltklimarat ein falsches Spiel vorwarfen. Die Annahme, der gefährliche Klimawandel sei mit den vorgeschlagenen Maßnahmen noch zu verhindern, wäre falsch und überholt. Statt aber der Öffentlichkeit die ungeschminkte Wahrheit zu sagen, daß die Menschheit nämlich die Schwelle zum Klimakollaps bereits betreten oder sogar schon überschritten habe, sei ihr vom Weltklimarat mehr oder weniger vorsätzlich Sand in die Augen gestreut worden. – Worauf können wir uns noch verlassen?

Auch wenn die göttliche Welt niemals Jahreszahlen nennt, so ist doch gewiß, daß das, was sie uns durch die Botschaften aus dem All mitteilt, auf uns Menschen zukommt. Im Jahre 1991 z.B. zeigte Gott-Vater in einer weiteren Botschaft durch Gabriele die Ereignisse der Zukunft mit folgenden Worten auf:

> *„Auf der Erde wird das weiter geschehen, was Jesus von Nazareth offenbart hat: Die Völker werden sich gegenseitig bekämpfen. Bürgerkriege, Pestilenzen, Krankheiten, Nöte und Sorgen, Obdachlose, Tote und vieles mehr werden auf der Erde sein. Der gute Freund, der zum Feind der Menschen geworden ist, wird das alles wieder abschütteln, was auf und in der Erde ist und in den Gewässern – und die Sonne und die Gestirne werden das tun, was zu tun ist, durch eine durchlöcherte Atmosphäre.“*

Heute kann die Wissenschaft kaum mehr verschweigen, was sich an Umwälzendem auf der Erde tut, denn die Auswirkungen sind für viele Menschen nicht nur sichtbar, sondern auch spürbar.

- Die „International Strategy for Disaster Reduction" (ISDR) verzeichnete bis zum Februar 2006 einen steilen Anstieg bei hydrometeorologischen Ereignissen, die in der Atmosphäre ausgelöst werden. Rund 30 verheerende Überschwemmungen gab es 1970 weltweit, inzwischen sind es jährlich 130. Ähnliches ist bezüglich der Stürme zu beobachten. Hydrometeorologische Ereignisse, zu denen auch Erdrutsche und Dürren zählen, lösen inzwischen mehr als drei Viertel aller Naturkatastrophen aus.

- Die Zahl der durch den Klimawandel verursachten Naturkatastrophen hat sich nach Angaben des Roten Kreuzes in den vergangenen 20 Jahren verdoppelt. Rund 400 schwere Überschwemmungen, Stürme und Hitzewellen hätten sich pro Jahr ereignet. In den 80er Jahren hätten die Rot-Kreuz-Fachleute jährlich rund 200 klimabedingte Naturkatastrophen gezählt.

Bruder Emanuel sprach davon, daß die Welt wie ein Dampftopf ist, der auf der kochendheißen Erde steht. Die letzten Jahre haben das sehr deutlich bestätigt: 2001 und 2002 waren ungewöhnlich heiß, und der Sommer 2003 hat in Europa alle bisherigen Hitzerekorde gebrochen. 2006 berichten Wissenschaftler des Goddard-Instituts für Weltraumforschung der NASA, daß die Erde den Höhepunkt der Erwärmung der vergangenen 12.000 Jahre erreicht hat. Das Jahr 2005 war nach einer Studie der NASA das wärmste jemals registrierte Jahr, und auch die Jahre 2006 und 2007 waren Jahre mit vielen Wetterrekorden. Die global gemittelte Temperatur der Erde ist in den letzten 100 Jahren um etwa 0,8°C angestiegen, davon allein um 0,6°C in den zurückliegenden 30 Jahren.

Erinnern wir uns an die Christusworte von 1984: „*Die Zukunft der Menschheit steht in der Atmosphäre geschrieben*“ und an die Worte unseres Geistigen Lehrers, Bruder Emanuel, von 1989: „*Schichten der Atmosphäre lösen sich auf*“, und Gott-Vater sprach 1991 von der „*durchlöcherten Atmosphäre*“. Heute weiß jeder, was damit gemeint war, denn das Ozonloch und die sich daraus ergebenden Folgen sind nun auch wissenschaftlich bewiesen. Hierzu einige Fakten:

- Die Ozonbelastung wird zu einem weltweiten Problem. Vor allem in einigen Gebieten Afrikas haben sich die Ozonwerte innerhalb von zwei Jahren verdoppelt. Der weltweit zunehmende Energieverbrauch führt zu einem Ozonanstieg in größerem Maßstab und verringert damit global die Luftqualität. Häufig wird Ozon aus industriellen Ballungszentren wie Südost-Asien um die halbe Erde transportiert und trägt beispielsweise zur Luftverschmutzung in Brasilien bei.

- Forscher der NASA meldeten, daß am 24.09.2006 die Fläche des Ozonlochs über der Antarktis 29 Millionen Quadratkilometer überschritt. Das entspricht etwa der Fläche der USA und Rußlands zusammen. Ein weiterer Negativrekord wurde am 08.10.2006 beim Parameter Konzentration erreicht. In der Höhe zwischen 13 und 21 Kilometer über der Antarktis war zu diesem Zeitpunkt fast das gesamte Ozon zerstört.
  Eine Folge des Klimawandels sind u.a. Überschwemmungen. Nachfolgend sind einige Fakten zu diesem Thema aufgeführt.

- Eine Milliarde Menschen, ein Sechstel der derzeitigen Weltbevölkerung, sind nach Einschätzung der Experten der United Nations University durch die Gefahr von Hochwasser- und Jahrhundertfluten bedroht.

- Im Jahr 2007 gab es, einem Bericht der Vereinten Nationen (UN) zufolge, besonders viele Überschwemmungen. Die Zahl der Überschwemmungen war weit höher als die Summe aller anderen Naturkatastrophen zusammen. Insgesamt gab es 20% mehr Überschwemmungen als im Durchschnitt der Vorjahre.

- Die Zahl der Überschwemmungsopfer droht sich wegen des Klimawandels bis 2070 zu verdreifachen. Bis zu 150 Millionen Menschen könnten demnach bis 2070 von einer Überflutung betroffen sein, gegenüber 40 Millionen, die derzeit vor diesem Risiko stehen. Dies geht aus einer Studie der Organisation für wirtschaftliche Zusammenarbeit und Entwicklung (OECD) hervor. Die Experten gehen von einem Anstieg des Meeresspiegels von einem halben Meter in den kommenden sechs Jahrzehnten aus. Derzeit verteilt sich die Hälfte der Menschen in Küstenregionen, die Opfer von Überflutungen oder Sturmschäden werden, auf zehn Städte. Das beispiellose Wachstum von Megastädten in Asien ist der Hauptgrund für die Gefährdung von immer mehr Menschen.

- Zwei Drittel der weltgrößten Metropolen wie New York, Tokio oder Shanghai befinden sich, einer Studie von Wissenschaftlern des International Institute for the Environment and Development in London, zufolge, in Gebieten, die direkt vom Klimawandel bedroht sind. Nur riesige Investitionen und Umsiedlungen könnten Flut- und Sturmkatastrophen verhindern. Die Forscher berechneten, daß im Jahre 2000 rund 634 Millionen Menschen in den gefährdeten Küsten-Ballungsräumen lebten, drei Viertel von ihnen in Asien. Besonders gefährdet seien Küstenregionen in armen Ländern.

- Inzwischen gibt es keine begründeten Zweifel mehr daran, daß der Mensch die Erwärmung der Meere verursacht. Ozeanografen der Universität von Kalifornien haben nachgewiesen, daß verschiedene Computersimulationen und die tatsächliche Erwärmung der Meere fast zu 100% übereinstimmten.

- Gleichzeitig verändert sich der Salzgehalt der Meere durch das zunehmende Schmelzwasser. Mehr als 20.000 Kubikkilometer Süßwasser vom schmelzenden Polareis haben sich zwischen 1965 und 1995 in den Atlantik ergossen. Durch den verminderten

Salzgehalt des Atlantikwassers ist der Nordatlantikstrom in Gefahr. Dieser schiebt das Meerwasser in der Tiefe aus dem hohen Norden wie ein Förderband in die südliche Hemisphäre und auf der Oberfläche wieder zurück. Der Nordatlantikstrom beeinflußt wesentlich das Klima in Nord- und Mitteleuropa.

- Die Ozeane sind in den vergangenen Jahren am Äquator immer salziger geworden. Die Klimaerwärmung verursacht eine stärkere Verdunstung in den tropischen Ozeanen, gleichzeitig kommt es durch stärkere Niederschläge in den Polregionen zu einer Verdünnung des Meerwassers. Durch diese Veränderung des Salzgehaltes sind erhebliche Veränderungen der Tiefenwasserströme der Ozeane wahrscheinlich, was wiederum das Klima beeinflußt.

- Gletscher schmelzen im Rekordtempo: Eine Untersuchung des Gletscherüberwachungszentrums der Universität Zürich hat ergeben, daß die Gletscher zwischen 2004/2005 und 2005/2006 in etwa doppelt so schnell geschmolzen sind wie in den vorangegangenen zwei Jahrzehnten. Während die Gletscher in den achtziger Jahren bis zur Jahrtausendwende durchschnittlich 30 Zentimeter Dicke pro Jahr verloren hätten, seien sie seit dem Jahr 2000 um jährlich einen halben Meter und in den vergangenen Jahren sogar um 70 Zentimeter jährlich dünner geworden. Die Zahlen sind nach Aussagen der Wissenschaftler ein Teil eines sich beschleunigenden Trends, dessen Ende nicht abzusehen ist. Die Gletscher sind natürliche Wasservorräte, von denen Millionen oder sogar Milliarden Menschen unmittelbar abhängen.

- Permafrost kommt sowohl in arktischen und antarktischen Regionen als auch weltweit in Hochgebirgen vor. Global ist fast ein Viertel der Landfläche Permafrostgebiet, wobei der überwiegende Anteil – etwa 23 Mio. km^2 – in der Nordhemisphäre liegt. In Permafrostböden sind gewaltige Kohlenstoffvorräte eingelagert, die weitaus größer sind, als bisher angenommen. Taut der Permafrost, werden Methan und Kohlendioxid in die Atmosphäre freigesetzt. Mit zunehmender Klimaerwärmung könnte eine verstärkte Freisetzung von Treibhausgasen aus diesem Speicher erfolgen. Die Freisetzung eines Bruchteils des in arktischen Böden gespeicherten Kohlenstoffs als Methan würde folglich genügen, um die atmosphärischen Treibhausgaskonzentrationen spürbar zu erhöhen.

Umgekehrt kann auch der bereits in Gang gesetzte Klimawandel einen durch Methanhydrat stabilisierten Meereskontinentalhang ins Rutschen bringen: etwa durch die Verlagerung einer Meeresströmung. Ein solches Ereignis führte vor 55 Millionen Jahren offenbar zu einem globalen Klimakollaps mit tödlichen Folgen für viele Arten von Lebewesen.

- Seit Jahren beobachten Wissenschaftler mit Sorge, wie sich große Teile Sibiriens aufgrund der Erderwärmung im Sommer von einer Frostlandschaft in eine Landschaft flacher Seengewässer verwandelt. Eine internationale Forschergruppe stellte 2006 fest, daß aus diesen tauenden Permafrostböden jährlich 3,8 Millionen Tonnen Methan freigesetzt werden. Auch wenn dieser Anteil im Vergleich zum gesamten Methanausstoß noch gering ist, so könnte er sich schnell vergrößern, denn es handelt sich um einen Teufelskreis: Je mehr Methan in der Luft ist, desto wärmer wird es. Also taut das Land weiter auf, und es gelangt noch mehr Methan in die Atmosphäre.

- Russische Polarforscher stellten 2008 fest, daß erste Auflösungserscheinungen des Permafrostbodens im Schelfmeer der Arktis bereits festzustellen sind. Sie

stammen aus dem weltgrößten Schelfmeer vor der Küste Sibiriens, wo der Kontinentalsockel auf einer Fläche fast sechs mal so groß wie Deutschland sanft in den Arktischen Ozean abfällt. Im Permafrostboden des bis zu 200 Meter tiefen Schelfmeeres lagern enorme Mengen Gashydrate, gleichsam verkorkt in mächtigen dauerhaft gefrorenen Sedimentschichten.
Der Kohlenstoffgehalt dieser Eis-Methan-Gemische vor der sibirischen Küste wird auf mindestens 540 Milliarden Tonnen geschätzt. Würde der gesamte Methangehalt in die Atmosphäre gehen, würde sich die Methankonzentration in der Atmosphäre um das Zwölffache erhöhen. Nach Aussagen russischer Forscher wäre eine katastrophale Erwärmung die Folge.

- Über 50% der Tier- und Pflanzenarten könnten bald von unserer Erde verschwunden sein, sollte sich das Klima auf unserer Erde wie vorhergesagt erwärmen. Davor warnen Wissenschaftler in einer Studie, die 2007 im Fachmagazin „Proceedings of the Royal Society B" veröffentlicht wurde.

- Das Treibhausgas CO_2 schädigt auch die Meereslebewesen. Durch den erhöhten CO_2-Druck in der

Atmosphäre wird das Gas vermehrt im Meerwasser gelöst, wodurch sich Kohlensäure bildet. Dies verursacht eine Absenkung des PH-Wertes; das Meer wird saurer. Dadurch wird das Calciumcarbonat-Außenskelett von Meereslebewesen im Oberflächenwasser teilweise aufgelöst. Betroffen sind Organismen wie Korallen und das Plankton.

- Studien zeigen, daß bereits ein mäßiger Temperaturanstieg genügt, um eine „positive Rückkopplung" anzustoßen, die zu einer Beschleunigung des Klimawandels führt. Die daraus resultierende überproportionale Erwärmung kann dann ganze Ökosysteme zum Umkippen bringen.
Bislang haben die Klimaforscher 15 solcher Kipppunkte identifiziert. Ein Rückstellmechanismus, der die Erwärmung abfängt, wurde dagegen nicht gefunden. Werden nur die positiven Rückkopplungen wirksam, sind die Folgen fatal: Das Erdsystem ginge in einen „warmen Betriebszustand" über und würde mindestens 10.000 Jahre darin verharren. Ganze Landstriche könnten unbewohnbar werden; ihre Bewohner müßten in die letzten kühlen Refugien in den Polargebieten fliehen. Dann stünde unsere gesamte Zivilisation auf dem Spiel.

Dies sind einige Fakten, die uns die Folgen des Klimawandels aufzeigen, vor denen uns Gott rechtzeitig gewarnt hat. Der Christus-Gottes-Geist hat jedoch nicht nur auf die Zerstörung der Atmosphäre hingewiesen, sondern die Welt auch als Dampftopf bezeichnet, die auf der Erde steht und kocht. Es ist also nicht nur die Atmosphäre, die zur Erwärmung beiträgt, sondern auch das Innerste der Erde erhitzt sich, wie uns Christus 1993 erklärte:

> *„Ihr denkt nur immer an die Atmosphäre, die zerstört ist. Ich aber sage euch: Das Magma erhitzt sich mehr und mehr, und dadurch kommt vieles in Bewegung. Die Erde erhitzt sich. Das Eis schmilzt. Die Fluten kommen, und die Stürme leiten sie ein ...“*

Wie sehr sich die Erde erhitzt, das Eis schmilzt und die Fluten kommen, können wir den vorangegangen Fakten der Wissenschaftler entnehmen. Doch wie ist der Stand beim „Fiebermessen“ der Erde?

- Eine Studie vom Juli 2007 deutscher und russischer Wissenschaftler, die seit fast vier Jahrzehnten regelmäßig zu Temperaturmessungen in den Südatlantik fahren, zeigt: Das kälteste Wasser, das dort am Boden der Tiefsee vorkommt, wird immer wärmer.

Das antarktische Bodenwasser ist Teil einer globalen Ozeanzirkulation, die Wassermassen auf einer Zeitskala von Jahrhunderten umwälzt. Verändern sich diese globalen Umwälzbewegungen, so wirkt das langfristig auch auf unser Klima zurück.

Es bleibt abzuwarten, ob die Wissenschaftler diesem vom Gottesgeist angekündigten Zusammenhang auf die Spur kommen, oder ob uns zuvor die Folgen des menschengemachten Klimawandels einholen werden.

Wie diese Folgen aussehen werden und was auf die Menschheit zukommen wird, zeigte Gott-Vater Seinen Menschenkindern 1991 auf, als Er durch Gabriele sprach:

„Welchem Schicksal gehen viele Völker und Nationen entgegen? Dem Schicksal der Zerstörung und Verwüstung.

Jesus von Nazareth sprach, was kommen wird, wenn die Menschen nicht umkehren. Sind sie umgekehrt? Sie haben ihren größten Freund zum Feind gemacht – ein Freund, der, seit die Menschheit besteht, der Menschheit Leben, Licht und Kraft gab; ein Freund, der sie ernährte, der sie tränkte, der ihnen Obdach, Wohnung und Nahrung bot.

Der Freund war der Planet Erde mit seiner Atmosphäre. Was haben die Menschen mit diesem Freund gemacht, mit dem Planet Erde? Sie vergiften die Natur. Sie schänden die gesamte Erde. Sie sprengen die Atmosphäre, ja sie bomben das Leben nieder. Die grausamsten Stoffe muß der Planet Erde erdulden. Viele Menschen kümmern sich wenig darum, ob der gute Freund leidet oder ob er gesund bleibt. Der gute Freund ist erkrankt! Ja, er ist vergiftet von den chemischen Stoffen, von den atomaren Versuchen, von den Verunreinigungen der Gewässer und vielem mehr. Er ist so erkrankt, der gute Freund, daß er nun zum Feind der Menschen geworden ist.

Und diesen Feind kann kein Volk besiegen. Keine Nation kann ihn zertreten und zerbomben. Kein Volk kann ihn töten – einerlei, welche Waffen es gebraucht. Kein Mensch kann diesen Feind niedermachen, niedertreten, in den Sumpf und in das Grauen stürzen. Er schüttelt sich – und was er hervorbringt, ist das, was die Menschen in den guten Freund hineingebombt haben: Zerstörung.

Auf der Erde wird das weiter geschehen, was Jesus von Nazareth offenbart hat: Die Völker werden sich gegenseitig bekämpfen. Bürgerkriege, Pestilenzen,

Krankheiten, Nöte und Sorgen, Obdachlose, Tote und vieles mehr wird auf der Erde sein. Der gute Freund, der zum Feind der Menschen geworden ist, wird das alles wieder abschütteln, was auf und in der Erde ist und in den Gewässern – und die Sonne und die Gestirne werden das tun, was zu tun ist, durch eine durchlöcherte Atmosphäre. ...
Und so hat der Mensch den guten Freund zu einem kriegerischen Feind gemacht, der abschüttelt, was ihm auferlegt wurde. Denn alle Ursachen drängen zur Wirkung ...“

Wir finden auch hier wieder den Hinweis, daß es kein strafender Gott ist, der den Menschen Katastrophen und Drangsale aller Art schickt, sondern es sind die Ursachen des Menschen, die zur Wirkung drängen. Der Planet Erde war uns ein guter Freund, doch der Mensch hat ihn sich zu einem kriegerischen Feind gemacht.
In den Jahren 1996 und 1997 trat Gott-Vater in mehreren mächtigen Gottesbotschaften als Kläger für die Mutter Erde ein. Sein Wort wurde damals über zahlreiche Rundfunkstationen ausgestrahlt und ist teilweise auch in Büchern veröffentlicht. Im Jahre 1996 sprach Gott-Vater (zu lesen in „Die Botschaft aus dem All. Die Gottesprophetie heute. Nicht das Bibelwort“):

„Wahrlich, wahrlich, Ich sage euch: Ich Bin auch der Kläger für diese Erde, für die unschuldige Kreatur, für alle Lebensformen, für Tiere, Pflanzen und Mineralien ... Die Erde ruft Mich, den Schöpfer, um Erbarmen, um Freiheit ...
Wahrlich, wahrlich, Ich sage euch: Die Schwingungen eures negativen Verhaltens ziehen sich durch die ganze Erde, gehen in die Atmosphäre und kommen wieder auf euch zurück. Wer zerstört die Atmosphäre – der Gott der Liebe, der der Erde einen Mantel gab, auf daß ihr auf der Erde leben könnt? Doch ihr – jeder einzelne trägt dazu bei, daß sich der Mantel auftut und die Kräfte des Alls euch allmählich verbrennen ...“

Erinnern wir uns nur an den Sommer 2003. Damals konnten wir ansatzweise erleben, was es bedeutet, daß die Kräfte des Alls uns „allmählich verbrennen“. In jenem Rekordsommer sind der sengenden Hitze rund 70.000 Europäer zum Opfer gefallen. Die Erde ruft den Schöpfer um Erbarmen und Freiheit. Im Jahre 1997 sprach deshalb Gott-Vater als Kläger für die Mutter Erde zu uns Menschen folgendes:

„... Und so erfüllt sich nach und nach der letzte Teil der Offenbarung Johannes, der Apokalypse.

Und dann ist Friede. Wie wird das geschehen? Nur global für euch Menschen gesprochen – wer Ohren hat, zu hören, der hört. Wer Augen hat, zu sehen, der sieht.
Die Mutter Erde schüttelt sich durch die Erdbeben. Die Mutter Erde schüttelt sich durch Stürme, durch Waldbrände und vieles mehr und ruft: 'Ihr Menschen, was habt ihr aus mir gemacht? Meine Kinder malträtieren und quälen mich. Sie quälen die Tiere. Tiere verhungern und verdursten, denn die Dürre tritt immer mehr ein, so dürr, wie die Herzen der Menschen sind.' Und die Mutter Erde ruft: 'Meine Kinder, was macht ihr mit mir? Was macht ihr mit den Tieren, mit den Pflanzen und Mineralien?' Doch die Menschen hören ebensowenig, wie sie auf die Propheten und Prophetinnen gehört haben, auf den wahren Gott, der ICH BIN. Sie hörten und hören ebensowenig wie auf Jesus, den Christus, ihren Erlöser.
Und die Mutter Erde weint Tränen über Tränen, denn die Fluten und die Meere steigen, und sie ruft: 'Ihr Kinder, was macht ihr mit mir? Ich bin unendlich traurig über euch. Ich kann euch nicht mehr tragen.' Und die Menschen zu allen Zeiten hören weder auf den Ruf der gequälten Erde, geschweige

auf das Wort Gottes durch Propheten und Prophetinnen, durch geistig erleuchtete Männer und Frauen, durch Kämpfer für das Reich des Inneren. Und so tut sich der Mund der Erde, der Mutter Erde, auf. Es sind die Vulkane. Und die Mutter Erde ruft: 'Jetzt kann ich euch nicht mehr tragen! – Friede, Friede, Friede', ruft sie. Und die Lava strömt aus ihrem Mund und bedeckt große Teile der Erde.
Zu diesem Bild gehört auch noch, daß eure sogenannten Satelliten, eure geschaffenen Himmelskörper, von eurem Himmel fallen werden, und es wird ein Getöse auf dieser Erde sein. Kleinere und größere Polsprünge werden den großen vorbereiten, und es wird Friede sein, denn das Magma der Erde tritt nach außen und deckt alles zu."

Der Ruf der Mutter Erde durch den Schöpfer wurde nur von wenigen Menschen ernstgenommen, und so erleben wir heute das, wovon Gott-Vater in Seiner Botschaft sprach:

„Wer Ohren hat, zu hören, der hört. Wer Augen hat, zu sehen, der sieht."

Stürme

In Seinem Wort an die Menschheit im Jahre 1997 sprach Gott-Vater, daß sich die Mutter Erde durch Stürme schütteln wird. Doch nicht erst im Jahre 1997 wurde davor gewarnt. Bereits 1991 sagte Christus:

„... Und die Atmosphäre wird Zeichen des Sturmes geben ...“

Welche Auswirkungen die Zeichen des Sturmes haben werden, davor warnte 1993 Christus:

„O sehet, die Stürme der Zeit sind nicht nur angesagt – sie stürmen, gleich toben, auf allen Kontinenten. Doch das ist erst der Beginn. Ganze Kontinente kommen ins Schwanken, denn die Erdplatten rotieren immer mehr, weil sich das Magma der Erde immer mehr erhitzt. So erhitzt sich auch die gesamte Erde. Ihr denkt nur immer an die Atmosphäre, die zerstört ist. Ich aber sage euch: Das Magma erhitzt sich mehr und mehr, und dadurch kommt vieles in Bewegung. Die Erde erhitzt sich. Das Eis schmilzt. Die Fluten kommen, und die Stürme leiten sie ein ...

Ich sprach von den Stürmen der Zeit, welche die Erde heimsuchen werden. Doch erkennt: Es werden aber auch gewaltige Stürme über das Land fegen, und so manche Bauwerke werden einstürzen. Den Feldern wird der gute Boden genommen werden. Was ihr eingepflanzt habt, wird aus den Äckern gerissen werden, denn die Stürme toben gewaltig, und sie fegen nicht nur übers Land – es sind gleichsam Wirbelstürme, die sich aufbauen und ganze Gemeinden, Dörfer und Städte zum Bersten bringen."

1993 wurden wir davor gewarnt – jetzt ist es bereits Realität. Hierzu einige wissenschaftliche Ergebnisse:

- In Deutschland haben seit 1970 Stürme und Hagelschauer 909 Opfer gefordert. Bis 2085 werden nach Angaben des Schweizer Rückversicherers, SwissRe, die Sturmschäden pro Jahr um 16 bis 68% steigen. Für Deutschland sei mit dreimal größeren Auswirkungen zu rechnen als im europäischen Durchschnitt, heißt es in der Studie. Bis 2085 werden sich hier die Sturmschäden pro Jahr mehr als verdoppeln. Besonders schwere Jahrhundert-Orkane werden ihre Sonderstellung verlieren, weil sie alle paar Jahrzehnte auftreten werden. Der Grund dafür ist die globale Erwärmung, denn sie feuert die Stürme an.

Der zeitliche Abstand zwischen schweren Sturmschadenereignissen in Europa betrug zuletzt weniger als zehn Jahre – und die verheerendsten Winterstürme ereigneten sich zwischen 1990 und 2007.

- In Deutschland wurden 2007 bereits mehr als 60 Tornados beobachtet. Drei davon richteten während des Orkans „Kyrill“ am 17.01.2007 enorme Schäden an. Die Zahl der registrierten Tornados ist, nach Aussagen des Meteorologen Thomas Sävert von der Unwetterzentrale von Meteomedia, seit einigen Jahren, drastisch angestiegen. „Kyrill“ war ein außergewöhnlicher Sturm, der in ganz Deutschland wütete. Es gab keinen Ort in Deutschland, an dem er nicht wenigstens 100 Kilometer pro Stunde erreichte.

- Aufgrund des Temperaturanstiegs in Europa muß davon ausgegangen werden, daß sowohl die Zahl als auch die Stärke der europäischen Winterstürme in Zukunft erheblich zunehmen werden. Dem 2006 vorgelegten WWF Sturmreport zufolge müssen sich besonders Großbritannien und die Niederlande auf heftige Orkane einstellen. Die Klimamodelle rechnen hier mit einer Zunahme der Winterstürme um bis zu 25%. In Deutschland steige die Wahrscheinlichkeit von schweren Stürmen, vor allem an der Küste, um etwa 10%.

- 2007 tauchten Wirbelstürme an Orten auf, wo sie bislang völlig unbekannt waren – etwa in Oman oder Iran. Und zum ersten Mal erlebte die Karibik zwei Hurrikane der höchsten Kategorie 5. Die Tropensturmsaison reichte bis in den Dezember hinein.

- Seit den siebziger Jahren hat die Stärke tropischer Wirbelstürme rasant zugenommen. Die Zahl von Hurrikanen der Stärken vier und fünf hat sich beinahe verdoppelt. Einer Studie von Peter Webster vom Georgia Institute of Technology aus dem Jahre 2005 zufolge gab es zwischen 1975 und 1989 im westlichen Atlantik und der Karibik insgesamt 16 Hurrikane der Stärke vier oder fünf. Zwischen 1990 und 2004 waren es 25. Im östlichen Pazifik, wo die Wirbelstürme als Taifune bezeichnet werden, wurde in den entsprechenden Zeiträumen ein Anstieg von 36 auf 49 registriert, im westlichen Pazifik von 85 auf 116. Im südwestlichen Pazifik betragen die Vergleichszahlen 10 und 22, im Indischen Ozean 24 und 57.

- Die atlantische Hurrikansaison 2005 war die aktivste Saison seit Beginn der regelmäßigen Aufzeichnungen im Jahre 1851. Es bildeten sich mehr als 28 tropische Stürme, davon 15 Hurrikane.

  Hurrikan Katrina: Etwa 1800 Menschen kamen ums Leben. Besonders hart getroffen wurde die Südstaaten-Metropole New Orleans, die nach dem Hurrikan in nie dagewesenen Wasser- und Schlammmassen zu ersticken drohte. Der Sachschaden belief sich auf etwa 100 Milliarden Dollar.

  Hurrikan Rita: Er war der viertstärkste Hurrikan seit Beginn der Messungen. 119 Todesfälle und ein Sachschaden von etwa 20 Milliarden Dollar traten ein.

  Hurrikan Wilma: Das war der stärkste Wirbelsturm, der bisher im Atlantik registriert wurde. Maximale mittlere Windgeschwindigkeit 295 Kilometer pro Stunde und Windböen bis 340 Kilometer pro Stunde. Der entstandene Sachschaden betrug etwa 29 Milliarden Dollar.

  Nach Katrina und Rita war Wilma der dritte Hurrikan der höchsten Kategorie 5. Drei Wirbelstürme dieser Kategorie in einer Saison hatte es bisher noch niemals gegeben.

Wie kommt es zu dieser Häufung schwerer Tropenstürme?

- Tropische Wirbelstürme haben je nach Region unterschiedliche Bezeichnungen, z.B. „Taifun“ im Pazifik, „Zyklon“ im indischen Ozean, „Willi-Willi“ in Australien und „Hurrikan“ in der Karibikregion. Der Entstehungsmechanismus ist aber der gleiche. Grundvoraussetzung für die Entstehung eines tropischen Wirbelsturms sind Wassertemperaturen von mindestens 27 Grad. Dies schränkt die Entstehungsgebiete auf die tropischen Ozeane innerhalb des 15. nördlichen und südlichen Breitengrades ein. Die Äquatorregion selber bleibt frei von Wirbelstürmen, weil dort die zur Windrotation nötige Coriolis-Kraft zu niedrig ist. Die Coriolis-Kraft ist ein Naturphänomen, das sich durch die Rotationsgeschwindigkeit der Erde erklären läßt. Wenn Winde beispielsweise von der nördlichen Polarregion in Richtung Äquator wehen, werden sie nach rechts abgelenkt. Auf der Südhalbkugel geschieht dies genau andersherum.

- Die Entstehung eines Hurrikans beginnt mit dem Aufsteigen der vom Ozean erwärmten und feuchtigkeitsbeladenen Luftmassen. Wolkentürme bilden sich, und die bei der Verdunstung des Wassers gespeicherte Energie wird in der Höhe als Kondensationswärme freigesetzt. Die Luftsäule wird gegenüber ihrer Umgebung wärmer, dadurch leichter, und der Luftdruck nimmt über der Ozeanfläche stark ab. Wie ein Staubsauger zieht der entstehende Wirbelsturm daher immer mehr feuchte und warme Luft aus der Umgebung an. Er verstärkt sich in seiner Entstehung selbst.

- Tropische Wirbelstürme könnte man als eine riesige atmosphärische Wärmekraftmaschine bezeichnen. Sie wandeln die in der Hitze der tropischen Ozeane und Atmosphäre gespeicherte Energie in Wind und Wellen um.
  Ein durchschnittlicher Hurrikan setzt im Laufe eines Tages rund 200 mal soviel Energie frei, wie alle Kraftwerke der Welt täglich produzieren. Ein großer Hurrikan kann einen Durchmesser von fast 1000 km haben und Windgeschwindigkeiten, die in Böen sogar über 300 km pro Stunde betragen. Im Zentrum liegt das nahezu windstille Auge, das einen Durchmesser von 15 bis 50 km und extrem niedrigen Luftdruck aufweist.

- Ein durchschnittlicher Hurrikan bringt rund 20 Mrd. Tonnen Regen pro Tag. Mancherorts ergießen sich in ein bis zwei Tagen 2000 Liter Wasser pro Quadratmeter. Das entspricht in etwa der Niederschlagsmenge, die in Mitteleuropa in drei bis vier Jahren fällt. Hurrikane können Wellen von bis zu 18 Meter Höhe erzeugen, die ganze Küstenregionen verwüsten. Ein Hurrikan schwächt sich ab, sobald er über das Land kommt, weil ihm dann der Nachschub von warmem Wasserdampf fehlt. Die globale Erwärmung macht wahrscheinlich, daß zukünftig die Stärke der Wirbelstürme zunimmt. Die Meeresregionen, über denen sich ein Hurrikan bilden kann, haben sich in den letzten 20 Jahren um mehr als 15% ausgeweitet. Außerdem geht man davon aus, daß sich durch die zunehmende Erwärmung der Meere die Hurrikansaison um einige Wochen verlängert.

- Die Auswertung meteorologischer Daten zeigt, daß in den nördlichen Gebieten des Nordatlantik ein signifikanter Trend zur Intensivierung von Tiefdruckgebieten und Sturmtiefs zu verzeichnen ist. Es ist davon auszugehen, daß es speziell im Winterhalbjahr zu einer verstärkten Sturmaktivität über dem Nordatlantik kommt.

Tornados

- Tornados sind extrem starke Wirbelwinde, die zwar weitaus kleiner sind als die tropischen Wirbelstürme, aber dafür höhere Windgeschwindigkeiten erreichen können. Vereinzelt konnten Windgeschwindigkeiten von über 700 Stundenkilometer gemessen werden. Tornados entstehen immer im Zusammenhang mit heftigen Gewittern, und zwar dann, wenn sich kalte, trockene Luft über warme und feuchte Luft schiebt. Typisch für den Tornado ist der sogenannte „Rüssel", eine Windhose, die bis zum Erdboden reicht. Im Zentrum des Tornados ist der Luftdruck extrem niedrig, so daß Gebäude, über die der Wirbelsturm hinwegzieht, regelrecht explodieren können.
  Die Auswirkung eines Tornados beschränkt sich meist nur auf einen schmalen Bereich von etwas weniger als 150 Meter Breite und 3 Kilometer Länge. In diesem Bereich ist dann aber praktisch alles zerstört.
  Tornados treten vor allem in den südlichen Bundesstaaten der USA auf, wo subtropische Luft aus der Karibik auf kontinentale Kaltluft trifft. Im Gefolge eines Hurrikans bilden sich häufig mehrere Tornados.

Tsunami - Flutkatastrophe in Südostasien

In dem Kapitel über die Stürme lasen wir die Worte von Christus durch Gabriele aus dem Jahre 1993:

„O sehet, die Stürme der Zeit sind nicht nur angesagt – sie stürmen, gleich toben, auf allen Kontinenten. Doch das ist erst der Beginn. Ganze Kontinente kommen ins Schwanken, denn die Erdplatten rotieren immer mehr, weil sich das Magma der Erde immer mehr erhitzt. So erhitzt sich auch die gesamte Erde. Ihr denkt nur immer an die Atmosphäre, die zerstört ist. Ich aber sage euch: Das Magma erhitzt sich mehr und mehr, und dadurch kommt vieles in Bewegung. Die Erde erhitzt sich. Das Eis schmilzt. Die Fluten kommen, und die Stürme leiten sie ein."

Von einer „ungewöhnlichen Häufung von Wirbelstürmen" sprach der Schweizer Rückversicherer Swiss Re, wodurch 2004 das teuerste Jahr der Versicherungswirtschaft wurde. Und die Stürme leiteten wahrlich die Fluten ein, denn Ende 2004 löste ein Tsunami eine riesige Katastrophe aus. Doch auch diesbezüglich hatte Gott rechtzeitig gewarnt. Bereits 1984 – also vor 20 Jahren – wies uns Christus auf folgendes hin:

„Wahrlich; wahrlich, Ich sage euch: Die Zeit ist nahe, wo die Wasser viele Menschen hinwegnehmen werden, wo sich der Planet Erde aufbäumt und alles verschlingt, was ihm habhaft wird. Und es wird sein, daß die Wasser viele Teile der Erde reinigen...“

Auch 1987 gab Bruder Emanuel durch Gabriele den Menschen ein treffendes Bild:

„Der mächtige Riese, das Kausalgesetz, der Riese mit den vielen Ursachen, welche die Menschen in den Jahrhunderten und Jahrtausenden geschaffen haben, wovon vieles noch nicht gesühnt ist, geht über die Erde.

Der mächtige Riese tritt einmal da, dann wieder dorthin. Wo er seinen Fuß hinsetzt, dort beginnen die Wirkungen und zeigen dem Menschen, was er selbst verursacht hat. Dort tritt er hin: ein Erdbeben; dort eine weitere Katastrophe; dort beginnt ein Krieg. Dort tritt er hin – atomare Verunreinigung, und er tritt auch in die Meere.“

Wir Menschen haben sozusagen diesen „Riesen“ in Gang gesetzt. Welche Auswirkungen es haben kann, wenn er in die Meere tritt, haben wir durch die Flutkatastrophe in Südostasien erlebt.

- Die Katastrophe in Südostasien wurde durch ein Erdbeben ausgelöst, das sich am 26.12.2004 gegen 2.00 Uhr morgens mitteleuropäischer Zeit ereignete. Das Erdbeben hatte eine Stärke von 9,0 auf der Richterskala, sein Hypocentrum lag etwa 160 km vor Sumatra in einer Tiefe von 30 km unter der Wasseroberfläche des Indischen Ozeans. Das Erdbeben wurde in verschiedenen angrenzenden Ländern wahrgenommen, in Indien, Bangladesh, Malaysia, Thailand, Myanmar, Singapur und den Malediven.

Das Erdbeben war ungewöhnlich groß in seiner geographischen Ausdehnung. Es ereignete sich an einer Verwerfungslinie, an der die australo-indische Platte unter die Burmaplatte eintaucht. Die Burmaplatte gehört zu der großen eurasischen Platte. Man geht davon aus, daß etwa 1.200 km der australo-indischen Platte ca. 15 m unter die Burmaplatte gerutscht sind. Dadurch wurde die Burmaplatte um 10 bis 30 m angehoben, was im Indischen Ozean Schockwellen auslöste.
Bei diesem Erdbeben wurden gigantische Energiemengen freigesetzt, etwa so viel, daß jeder der ca. 6 Mrd. auf der Erde lebenden Menschen 5000 l

Wasser zum Kochen bringen könnte. Ein großer Hurrikan würde 70 Tage brauchen, um die gleiche Energie freizusetzen.

Das Erdbeben vor Sumatra führte zu einem Tsunami im Indischen Ozean. Tsunami ist ein Wort aus dem Japanischen und bedeutet übersetzt „lange Hafenwelle“. Ausgelöst werden Tsunamis vor allem durch Erdbeben, aber auch durch Vulkanausbrüche, Nuklearexplosionen oder durch den Einschlag eines Meteorits ins Meer. Der Tsunami entfaltet seine Zerstörungskraft erst, wenn er auf eine Küste trifft. Die Wellen, die im offenen Meer oft nur eine Höhe von einem Meter erreichen, werden an der Küste zu Wasserwänden mit Höhen bis zu 30 Metern, teilweise bis zu 100 Metern.

Tsunamis entstehen dann, wenn große Wassermengen, z.B. durch Auf- und Abbewegen des Meeresbodens, aus dem Gleichgewicht geraten. Von ihrem Usprungsort breiten sich die Wellen mit hoher Geschwindigkeit kreisförmig aus. Die Geschwindigkeit ist dabei um so höher, je tiefer das Wasser ist. In Meeresgebieten mit 4000 m Wassertiefe beträgt die Geschwindigkeit etwa 700 km/Stunde. Vom Pazifik ist bekannt, daß dort die Tsunamis bei einer Wassertiefe von 6000 Metern so schnell sind wie Verkehrsflugzeuge. In Küstennähe reduziert sich die Geschwindigkeit drastisch, während die Höhe der Welle stark zunimmt.

Tsunamis bestehen in der Regel aus einer Reihe von Wellen, die nacheinander auf die Küste treffen. Oft kündigen sich die ersten Wellenkämme durch eine sehr tiefe Ebbe an, denen dann die Woge folgt. Eine Tsunamiwelle kann 1 Mio. Tonnen Wasser bewegen; entsprechend groß ist die Energie, die ein Tsunami mit sich führt, wenn er das Festland erreicht. Die dort hervorgerufenen Schäden sind gewaltig.
Viele der schlimmsten Schäden entstehen weniger durch die Überflutung selber, sondern durch den Sog, wenn sich das Wasser wieder zurückzieht. Ganze Häuser, Hotels und Hallen werden weggeschwemmt.
Tsunamis kommen gewöhnlich im Pazifischen Ozean vor, entlang der Vulkanküsten („Ring of Fire“), z.B. Philippinen, Japan, Sibirien, Alaska, USA, Guatemala etc. Bereits 1948 wurde deshalb im pazifischen Raum ein Tsunami-Warnsystem eingeführt, an das heute 23 Länder angeschlossen sind.

- Der letzte Tsunami im Indischen Ozean wurde 1883 durch den Ausbruch des Vulkans Krakatau hervorgerufen. Die Anrainerstaaten des Indischen Ozeans hatten kein Frühwarnsystem. Der Tsunami im Indischen Ozean war so gewaltig, daß selbst am Westende des Indischen Ozeans, in Somalia, Kenia und Tansania, 4500 km vom Epizentrum des Bebens entfernt, Küsten verwüstet wurden und mehr als 100 Menschen ums Leben kamen.

- Das Erdbeben vom 26.12.2004 erfolgte genau drei Tage nach einem starken Erdbeben der Stärke 8,1 in der Nähe der Auckland-Inseln, die zwischen Neuseeland und der Antarktis liegen. Seismologen gehen davon aus, daß ein Zusammenhang zu dem Erdbeben im Indischen Ozean bestehen könnte, da beide Erdbebenherde an gegenüberliegenden Seiten der australo-indischen Platte liegen.

  Das Erdbeben vor Sumatra ereignete sich exakt (bis auf die Stunde genau) ein Jahr nach dem großen Erdbeben im Iran, das die Stadt Bam zerstörte. Durch das Erdbeben kam es auch zu einer Änderung der Erdrotation, die aber als geringfügig eingestuft wird.

Für das Seebeben vor der Küste von Indonesien gab es seismologisch keine Vorzeichen.
Bezüglich der Opferzahlen der Flutkatastrophe liegen unterschiedliche Zahlenangaben vor. Mindestens 230.000 Menschen sind dabei ums Leben gekommen.

Dem extremen Beben vom 26. Dezember 2004 folgten zahlreiche Nachbeben sowie zwei starke Seebeben weiter im Südosten (am 28.03.2005 Stärke 8,7 und am 10.04. 2005 Stärke 6,8 auf der Richter-Skala). Der Meeresboden vor der Westküste Sumatras wurde am 12.09.2007 erneut durch ein schweres Seebeben der Stärke 8,4 auf der Richter-Skala erschüttert.

Wir haben gelesen, daß es durch dieses schwere Erdbeben auch zu einer Änderung in der Erdrotation gekommen ist. Wenn diese auch von Wissenschaftlern als gering eingestuft wurde, so kann sie doch Folgen haben. 1986 erklärte uns Christus durch Gabriele folgenden Zusammenhang:

„Die sogenannte Erdachse, wie ihr sie nennt, wird sich nicht nur verändern, sondern sie wird auch in ihrer Rotation unterschiedlich sein – und somit die

ganze Erde. Wahrlich, Ich sage euch: Es wird sich eine Kraft in der Erde bilden, welche die Erdachse ablöst. Doch bis dahin wird sich auf der Erde einiges vollziehen. Die sogenannte Erdachse verändert sich und bewegt sich in eine bestimmte Richtung. Der Mensch würde sagen: 'Sie knickt.' Doch dieser Knick ist für die Menschen nicht sichtbar; sie empfinden es, denn die Jahreszeiten verändern sich, die Zeit geht schneller. Die Kräfte auf und in der Erde deuten darauf hin, daß von innen nach außen Großes geschieht; und es wird geschehen! Durch das starke Abweichen der sogenannten Erdachse, der Rotation, heben sich die Meere; Erdbeben, Vulkanausbrüche und dergleichen lösen sich gegenseitig ab...“

Wer sich an die ersten Monate des Jahres 2005 erinnert, der fragt sich nun nicht mehr, warum trotz allgemeiner Klimaerwärmung das Jahr mit großer Kälte und ungewöhnlich viel Schnee in Europa begann – die Jahreszeiten verändern sich. Auch zahlreiche Erdbeben waren in diesen Monaten zu verzeichnen, vor allem in der Türkei und im Iran; das schwere Beben, das sich erneut vor Indonesien ereignete, sei hier ebenfalls erwähnt. Gleichzeitig kam es zu mehreren Vulkanausbrüchen im pazifischen Großraum, einem Vulkanausbruch in Papua Neuguinea, in Indien auf den Andamenen-Inseln; der Ätna auf Sizilien spuckte wieder Feuer und Asche, und gleichzeitig wurden der Mount St. Helens in den USA, der Popocatepetl und der Colima-Vulkan in Mexiko aktiv ... Hier können nur einige Beispiele als Bestätigung aufgeführt werden, doch können Sie lieber Leser, liebe Leserin, nun vielleicht so manches Ereignis besser einordnen.

Waldbrände

Gott-Vater sagte 1997:

„Die Mutter Erde schüttelt sich durch Stürme, durch Waldbrände und vieles mehr und ruft: ‚Ihr Menschen, was habt ihr aus mir gemacht?'"

Nicht nur durch die Stürme „schüttelt sich" die Mutter Erde, sondern auch durch Waldbrände. Auch davon sprach die göttliche Welt nicht erst im Jahre 1997, sondern Christus hat, wie gesagt, bereits 1991 die Menschen gewarnt:

„Es gibt kein Zurück mehr! Die Fluten stehen auf. Die Feuersbrünste werden immer größer ..."

Die immer größer werdenden Feuersbrünste erkennen wir an nachfolgenden Fakten:

- Rußland besitzt mit 808 Millionen Hektar die größte Waldfläche weltweit In den Jahren von 2000 bis 2005 verbrannten in Rußland durchschnittlich knapp 7 Millionen Hektar Wald pro Jahr. Eine extreme Waldbrandsituation gab es im Jahre 2003, als allein etwa 14,5 Millionen Hektar verbrannten. 2006 wurden von März bis Mitte November laut Ministerium für Naturressourcen 25.200 Waldbrände gemeldet, die auf einer Fläche von insgesamt 1,8 Millionen Hektar wüteten. (Zahlenangaben: Sukachev Institute of Forest)

- Die USA verfügen über eine Waldfläche von 303 Millionen Hektar. In die Jahre 2000 bis 2005 fallen eine Reihe eine der schlimmsten Waldbrandperioden seit dem Beginn der statistischen Aufzeichnungen. Insgesamt fiel den Flammen eine Waldfläche von 15,7 Millionen Hektar zum Opfer. 2005 allein betrug die Waldbrandfläche etwa 3,5 Millionen Hektar. (Zahlenangaben FAO 2006)

Das Thema „Waldbrände“ beschäftigt auch den WWF, der im Jahr 2007 einen Bericht mit dem Titel „Wälder in Flammen“ herausgab. Die Grundlage der Studie lautete: „Immer dann, wenn Waldbrände zu heftig, an der falschen Stelle, zu einem ungewöhnlichen Zeitpunkt oder zu häufig auftreten, ist das ein sicheres Zeichen dafür, daß das Ökosystem durch menschliche Eingriffe aus den Fugen geraten ist.“ Nachfolgend lesen Sie einige der dramatischen Fakten dieses Berichtes, die zeigen, wie sehr der Mensch das Ökosystem bereits „aus den Fugen“ gebracht hat.

- Nur noch etwa 4% aller Waldbrände weltweit haben natürliche Ursachen, z.B. einen Blitzeinschlag. In allen anderen Fällen ist der Mensch – sei es direkt oder indirekt, sei es fahrlässig oder vorsätzlich – verantwortlich für den Brand. Oft kann sich der Wald nicht mehr selbständig erholen, nicht selten sind die verbrannte Fläche und damit das gesamte Ökosystem mit den darin lebenden Pflanzen und Tieren unwiederbringlich verloren.

- Für das Amazonasbecken, eines der größten Regenwaldgebiete der Erde, in dem Waldbrände gezielt eingesetzt werden, um z.B. neue landwirtschaftliche Flächen für den Anbau von Soja oder für die Viehbeweidung zu gewinnen, wird befürchtet, daß ab einem bestimmten Anteil von Waldverlust das regionale Klima zusammenbricht. Die dadurch entstehende Trockenheit würde dann, verbunden mit weiteren Waldbränden, den Regenwald weiter vernichten. Dies wiederum hätte erhebliche Auswirkungen auf das globale Klima und die weltweit Artenvielfalt – ein Teufelskreis. Gegenwärtig beträgt der Waldverlust und Wald in äußerst schlechtem Zustand im Amazonasbecken knapp 20%.

- Im Mittelmeerraum hat sich die durchschnittliche jährliche Waldbrandfläche seit den 1960er Jahren vervierfacht. Die Ursachen liegen hauptsächlich in fahrlässiger und vorsätzlicher Brandstiftung, verbunden mit extremer Hitze und Trockenheit in den Sommermonaten und degradierten Wäldern, in denen sich kleine Feuer rasend schnell verbreiten können. Jedes Jahr gibt es dort rund 50.000 Brände. Besonders betroffen sind Spanien, Portugal, Italien und Griechenland. In Spanien hat sich die Zahl der Waldbrände seit den 1960er Jahren bis heute sogar verzehnfacht. In Portugal hat sich die Verzehnfachung allein im Zeitraum seit 1980 abgespielt.

- In Süd- und Südostasien wurden zwischen 1990 und 2005 insgesamt mehr als 40 Millionen Hektar

Wald vernichtet; dies entspricht fast der vierfachen Waldfläche Deutschlands. In der Zeit von 1998 bis 2002 verbrannten hier 4,1% der Waldfläche pro Jahr – Tendenz steigend.

- Waldbrände tragen durch die Treibhausgase, die dabei freigesetzt werden, erheblich zur Klimaerwärmung bei. Infolge der Klimaerwärmung steigen wiederum die Anzahl und das Ausmaß der Waldbrände, so daß ein Rückkopplungseffekt eintritt. Durch Savannen- und Waldbrände werden weltweit 1,7 bis 4,1 Milliarden Tonnen Kohlenstoff in die Atmosphäre freigesetzt, hinzu kommen geschätzte 39 Millionen Tonnen CH_4, 20,7 Millionen Tonnen NOx und 3,5 Millionen Tonnen SO_2 jährlich. Waldbrände tragen mit 40% zum weltweiten Ausstoß von CO_2 bei, 32% zu dem von CO, 10% bei Methan und über 86% beim Rußausstoß.

Verschiedene Studien gehen davon aus, daß sich mit dem Klimawandel die Anzahl der Tage mit hohem Waldbrandrisiko erhöht, die Brandsaison verlängert und die Häufigkeit von Blitzen steigt, wodurch wiederum die Waldbrandhäufigkeit steigt und die betroffene Fläche größer wird.

Dürre: Hungersnot und Wassermangel

Die Folgen des Klimawandels sind vielfältig. Durch die steigenden Temperaturen werden z.B. auch immer mehr Gebiete verdorren. Gott-Vater wies 1997 darauf hin, daß die Dürre vermehrt eintreten wird. Doch auch auf diese Tatsache hatte die göttliche Welt die Menschen bereits vorher aufmerksam gemacht.

Christus, 1990:

„Die Menschheit hält im Äußeren vieles aufrecht – dafür sorgen eure Politiker und eure kirchlichen Obrigkeiten. Alles, was schon ist, wird soweit zugedeckt, damit es die Menschen kaum erfahren. Und doch: Große Teile der Erde werden zur Steppe.

Die Hungersnot bricht da und dort auf. Viele Menschen machen sich auf den Weg, um Nahrung zu finden, um wieder Obdach zu haben. Gleichzeitig kommen die Katastrophen; nicht nur die Naturkatastrophen, sondern auch ganze Völkerkatastrophen – denn die, die hungern, all jene, denen das Äußere hinweggenommen wurde, werden mehr und mehr aggressiv ... “

Wie schnell Hunger und Durst die Menschen in die Aggression treibt, erlebten wir z.B. im April 2008, als rasant steigende Lebensmittelpreise in zahlreichen Entwicklungsländern zu Unruhen führten. Das Welternährungsprogramm WFP der Vereinten Nationen schlug Alarm. Zwischen Juni 2007 und April 2008 seien die Lebensmittel- und Treibstoffpreise weltweit um 55% gestiegen. Diese Entwicklung zeige „ein neues Gesicht des Hungers: Volle Lebensmittelregale – und immer mehr Menschen, die sie sich nicht leisten können", kritisiert das WFP.
Doch auch das uns bekannte Gesicht des Hungers hat in den zurückliegenden Jahren an Dramatik gewonnen und wird in Zukunft immer mehr Menschen betreffen:

- Schon heute wird jeder dritte Todesfall unter Kindern weltweit durch Unterernährung verursacht. Dreieinhalb Millionen Kinder unter fünf Jahren sterben jedes Jahr an den Folgen des Hungers. Der Welthungerbericht bezifferte im Jahr 2007 die Zahl der Menschen, die nicht genug zu essen haben, auf 854 Millionen. Besonders betroffen sind afrikanische Länder südlich der Sahara und Südasiens. Gelinge es nicht, den Temperaturanstieg zu bremsen, seien weitere 600 Millionen Menschen von

Unterernährung bedroht, heißt es im Bericht der UN-Entwicklungsorganisation UNDP im November 2007.

- Im Februar 2008 stellten Forscher der Stanford University in Kalifornien in einer Studie die alarmierende Prognose, daß schon in rund 20 Jahren der Klimawandel ganze Weltregionen in Hungersnöte stürzen wird. Demnach müssen einig der ärmsten Regionen der Welt früher, als bisher erwartet, mit enormen Ernteausfällen rechnen. In Südafrika könnten die Erträge der Maisernte schon innerhalb der nächsten zwei Jahrzehnte um 30% zurückgehen.

- Mehr als eine Milliarde Menschen hat keinen Zugang zu sauberem Trinkwasser; 2,6 Milliarden müssen ohne sanitäre Einrichtungen leben, das sind rund 40% der Weltbevölkerung. Täglich sterben weltweit 5000 Kinder unter fünf Jahren an Durchfallerkrankungen, weil sie und ihre Eltern nicht wissen, daß unsauberes Wasser krank macht und den Tod bedeuten kann, erklärten Experten am Weltwassertag 2008. Das Hauptproblem ist, daß das Wasser ungleich verteilt ist. „Vereinfacht gesagt, gibt

es dort genug, wo keine Menschen leben“, sagte der französische Wasserexperte Pierre Chevallier vom Pariser Institut de recherche pour le développement (IRD). „Mit dem Klimawandel wird das nicht besser werden. Er wird die Verdunstung und das Abschmelzen der Gletscher fördern und die verfügbare Wassermenge verringern.“
Gleichzeitig wurde am Weltwassertag darauf aufmerksam gemacht, daß für die Produktion von einem Kilo Rindersteak 15.000 Liter Wasser benötigt werden, für die Produktion von einem Kilo Weizen 1.500 Liter, während ein Mensch pro Tag zwei bis fünf Liter Trinkwasser benötigt.

- Nach Angaben der Vereinten Nationen sterben jedes Jahr rund vier Millionen Menschen an Krankheiten, die durch verschmutztes Trinkwasser verursacht werden. Selbst alle Kriege weltweit fordern jedes Jahr weniger Todesopfer.
  In 80 Ländern herrscht derzeit bereits Wasserknappheit, und die Zahl der betroffenen Menschen wird nach Angaben der UN bis 2030 auf mehr als 5 Milliarden steigen.
  Kofi Annan warnte im März 2007, daß bis zu 135 Millionen Menschen in den nächsten Jahren infolge

Trockenheit aus ihrer Heimat fliehen könnten – in Gebiete, in denen sie mit den Einheimischen um das dort vorhandene Wasser in Konkurrenz treten würden. Manche Fachleute gehen deshalb davon aus, daß Wassermangel schon bald zur Hauptursache von Konflikten in Afrika werden könnte.

- Die Nichtregierungsorganisation International Alert hat 46 Staaten mit insgesamt 2,7 Milliarden Einwohnern identifiziert, in denen Klimawandel und wasserbezogene Krisen zu einem hohen Risiko eines gewalttätigen Konflikts führen könnten. In weiteren 56 Staaten mit insgesamt 1,2 Milliarden Menschen gibt es, dieser Organisation zufolge, instabile politische Verhältnisse. Zusammengerechnet ist das mehr als die Hälfte der Weltbevölkerung.

- Die Wasserwirtschaft in Asien gilt als einer der gefährlichsten Aspekte der globalen Erwärmung. 400 Millionen Menschen hängen vom Ganges-Flußsystem ab, und die Wasserstände fallen spürbar. Zusätzlich schmelzen die Gletscher des Himalaya rapide ab, da die dortige Durchschnittstemperatur zwischen 1977 und 2000 viermal schneller gestiegen ist als die globale. Im Himalaya-Gebiet entspringen

vier der größten Flüsse Asiens. Durch das Verschwinden der Himalaya-Gletscher wären hunderte Millionen Menschen zuerst von Überflutungen und anschließend von Wassermangel bedroht.
Ähnliches wird auch für Südamerika befürchtet. Die meisten der peruanischen Anden-Gletscher seien voraussichtlich bis 2015 verschwunden. Zwei Drittel von Perus 27 Millionen Einwohnern leben demnach in Küstengebieten, wo die natürlichen Quellen nur rund 1,8% des Wasserbedarfs deckten. Sowohl die Städte als auch die Landwirtschaft hängen deshalb vom Wasserstrom aus den Gebirgen ab.

- Der Klimawandel und direkte Eingriffe durch den Menschen lassen die Gebirgsketten weltweit austrocknen. Auf dieses Trinkwasser-Reservoire sind jedoch etwa 7% der Menschheit angewiesen, ergab eine Studie der Universität Bern. Angesichts der erwarteten klimatischen Veränderungen und des berechneten regionalen Bevölkerungswachstums könnte der Anteil der Menschen, die auf Gebirgswasser angewiesen sind, in den nächsten Jahrzehnten auf bis zu 37% steigen. Doch der Klimawandel mit der zunehmenden Erwärmung bringt die Funktion der Gebirge ins Wanken. Nach verschiedenen,

bei der Generalversammlung der European Geosciences Union (EGU) 2008 in Wien vorgestellten Studien nimmt der Abfluß aus Gebirgen bereits ab. In Afghanistan schrumpft die Zahl der rund 3500 Gletscher wegen der abnehmenden Niederschläge ständig.
In den Alpen hat der Abfluß von Trinkwasser in den beobachteten Gebieten seit 1985 ohne direkten Eingriff des Menschen um 25% abgenommen – und dies bei einem ständig steigendem Verbrauch in den Ebenen. Dies könne zu einem wahren Teufelskreis führen, bei dem der Wasserverbrauch wegen der steigenden Temperaturen ständig steigt, während die Ressourcen wegen der steigenden Temperaturen schwinden.

- Der Anstieg des Meeresspiegels durch den Klimawandel bedroht auch die Trinkwasser-Reserven. Wissenschaftler der Ohio State University haben herausgefunden, daß das Salzwasser unterirdisch viel weiter vordringt als auf dem Land. Die Folgen können nach Erkenntnissen der Forscher verheerend sein: Beinahe 40% der gesamten Weltbevölkerung leben in Küstengegenden, weniger als 60 Kilometer von der Küste entfernt. Diese Regionen könnten mehr Trinkwasser-Ressourcen verlieren, als bislang angenommen.

- Während der Meeresspiegel steigt, trocknen immer mehr Seen aus. Als Beispiel sei hier der Tschad-See, den sich Nigeria, Tschad, Kamerun und Niger teilen, angeführt. Der See ist auf nur mehr 20% seines ursprünglichen Umfanges geschrumpft. Hatte der See vor 40 Jahren noch ein Ausmaß von 38.850 Quadratkilometern, zeigt ein Satellitenbild aus dem Jahr 2006 gerade noch eine Fläche von 1,295 Quadratkilometern. Schuld an diesem langsamen Tod des Tschad-Sees haben sowohl die globale Erwärmung als auch die extensive Wasserentnahme.

Auch in der Arktis verdunsten durch den Klimawandel Jahrtausende alte Seen und Teiche, warnen kanadische Forscher in den „Proceedings“ der US-Akademie der Wissenschaften. John P. Smol von der Queen´s University in Kingston sagte im Juli 2007: „In der Vergangenheit sind Forscher wie wir mit unserer Warnung vor der globalen Erwärmung häufig als Panikmacher verurteilt worden. Heute glauben wir, daß wir noch viel zu optimistisch waren. Die Geschwindigkeit und das Ausmaß, mit denen sich die Umwelt verändert, sind dramatischer, als wir es uns vorgestellt haben."

- Der Aralsee, der im Norden zu Kasachstan und im Süden zu Usbekistan gehört, war einmal das viertgrößte Binnenmeer der Erde, gespeist durch zwei mächtige Flüsse. Seit Beginn der 60er Jahre wurde das Wasser der beiden Flüsse zu einem großen Teil umgeleitet, hauptsächlich zur Bewässerung von Baumwollkulturen. Die Folge war, daß die Fläche des Sees von 1960 bis 1997 um 44,3% auf 29.630 km^2 zurückging, das Wasservolumen um 90% sank und sich der Salzgehalt vervierfacht hat. 2003 betrug die Oberfläche des Sees nur noch 18.240 km^2. Seit 1966 sind dadurch etwa 42.000 km^2 Salzwüste entstanden. Rund um den See ist die größte Kindersterblichkeit der gesamten ehemaligen Sowjetunion zu verzeichnen. Die Menschen um den Aralsee zeigen vermehrt genetische Schäden, weil der Salzstaub zahlreiche Giftstoffe enthält. Der Aralsee gilt geradezu als das Musterbeispiel einer menschengemachten ökologischen Katastrophe.

- Da die Vorräte an Oberflächen-Süßwasser weltweit ausgeschöpft sind, werden immer häufiger die

Grundwasserreservoirs zur Trinkwasserversorgung herangezogen. Schätzungsweise 1,5 Mrd. Menschen sind mittlerweile auf das Grundwasser angewiesen. Die bevölkerungsreichsten Länder China und Indien beziehen ihr Wasser zu 50 bis 100% aus dem Grundwasser. In China ist rund um Peking der Grundwasserspiegel von einst 5 auf stellenweise 1000 Meter abgesunken. Das Grundwasser ist in sogenannten Aquiferen gespeichert, das sind unterirdische Gesteinsschichten, die das Grundwasser speichern und weiterleiten. Der Ogallala-Aquifere ist das weltweit berühmteste unterirdische Wasserreservoir in den USA, mit dem über 3,3 Mio. Hektar Farmland bewässert werden. Dieser Wasserspeicher wird 14 mal schneller entleert, als ihn die Natur nachfüllen kann. In Nordchina sind die unterirdischen Wasserspeicher bereits leergepumpt, so daß hier die Wasserversorgung immer kritischer wird. Die großen Seen in Nordamerika enthalten 20% der Süßwasservorräte der Erde. Ihre Wasserstände sind in den vergangenen Jahren auf Rekordtiefen gefallen.

- Außerdem nimmt die Chemikalienbelastung des Wassers ständig zu. Die meisten Wasserwege der

Welt sind inzwischen hochgradig vergiftet. Der Viktoriasee in Afrika steht durch die Einleitung von Millionen Litern ungeklärter Haushalts- und Industrieabwässer vor dem Umkippen. In den Flüssen Senegal und Niger gibt es nahezu keine Fische mehr. In China sind 80% der großen Flüsse so belastet, daß sämtliche Fischbestände ausgestorben sind. Der Gelbe Fluß ist so stark verschmutzt, daß sich sein Wasser nicht einmal mehr für die künstliche Bewässerung verwenden läßt.

- Der Weltumweltbericht „Geo-4", den das Umweltprogramm der Vereinten Nationen (Unep) im Oktober 2007 veröffentlichte, zeigt auf: Um die steigende Zahl an Menschen zu ernähren, sei die Landwirtschaft intensiviert worden. Das sei eine ebenso große Bedrohung wie der Klimawandel. Düngemittel verschmutzen das Trinkwasser, und die Bewässerung der Felder verbraucht schon heute beinahe zwei Drittel des weltweit verfügbaren Süßwassers. Jeder zehnte Fluß erreicht den Ozean nicht mehr. Doch das Problem wird sich noch verschlimmern. In den kommenden 20 Jahren werden die Entwicklungsländer, auch wegen der Umstellung auf tierische Ernährung, um die Hälfte mehr Wasser verbrauchen als heute. Dann könnten 1,8 Milliarden Menschen von absoluter Wasserknappheit bedroht sein.

Folgen, die heute unleugbare Fakten sind, von denen jedoch Christus schon 1990 gesprochen hat als Er darauf hinwies: „*Große Teile der Erde werden zur Steppe.*" Hier der Auszug einer Christus-Botschaft aus dem Jahre 1994:

> *„Ihr sprecht von der Atmosphäre der Erde. Die Atmosphäre der Erde ist die Weltkarte. Wahrlich, Ich sage euch, sie schaut düster aus. Große Flecken sind jetzt schon dunkel. Der Ist-Zustand zeigt auf, was auf der Erde sein wird: ein Chaos ohnegleichen. Da und dort verdorrt und verbrennt das Land; die Menschen leiden unsagbar unter diesen Einflüssen. In Städten und an verschiedenen Orten brechen Epidemien aus. Wer fragt heute schon danach? Wer denkt heute wohl darüber nach? ... Die Wüste nimmt immer mehr zu. Stürme tragen mit dazu bei. Sie machen alles nieder, was nicht mehr verwurzelt ist ...*
>
> *Die Erde bäumt sich auf. Dort ist Hitze, dort verbrennt alles; anderswo ist eisige Kälte, dort vereist alles ..."*

Damals sprach Christus von der zunehmenden Wüstenbildung und ihren Folgen. Im Jahr 2007 spricht die UNO davon, daß die zunehmende Bodenerosion infolge des Klimawandels und der übermäßigen landwirtschaftlichen Nutzung eine Ursache für Hungersnöte, Flüchtlingsströme und Kriege ist. Nach Einschätzung von Autoren einer UNO-Studie aus dem Jahr 2007 ist das Vordringen der Wüsten „die größte ökologische Herausforderung unserer Zeit“.

- Die Wüstenbildung bedrohe die Existenz von rund zwei Milliarden Menschen, einem Drittel der Weltbevölkerung. Rund 41% der Trockengebiete in aller Welt seien betroffen. Ca. 250 Mio. Menschen – der Großteil in Afrika und Zentralasien – spüren schon heute die Folgen der Wüstenausbreitung, wurde auf der UNO-Konferenz 2007 in Madrid besprochen. Ein Rechenbeispiel von Experten macht die Brisanz der Situation deutlich: In zehn Jahren könnten bis zu 50 Mio. Menschen – der Großteil davon in Afrika – nicht mehr dort leben, wo sie bisher zu Hause waren. Für den UN-Top-Klimabeauftragten Ivo de Boer gibt es zwischen der Wüstenausbreitung und dem globalen Klimawandel einen engen Zusammenhang.

- Die Verödung der Landstriche in Afrika ist auch ein Grund für die Flüchtlingsbewegungen aus dem Kontinent. Dem algerischen Planungs- und Umweltminister Cherif Rahmani zufolge wird die Ausbreitung der Wüsten im Jahr 2025 65 Millionen Afrikaner zur Flucht in die Industriestaaten veranlassen.

- Auch 12% der Fläche Europas sind vom Voranschreiten der Wüsten bedroht. Große Teile des Mittelmeerraums, der ursprünglich von dichten Eichenwäldern bedeckt war, sind akut von Desertifikation bedroht. Heute findet man rund ums Mittelmeer nur noch niedrige Buschwälder. Auch in Deutschland ist zu beobachten, daß eine rücksichtslose industrielle Landnutzung nahezu sterile Böden hinterläßt – eine Vorstufe der Verwüstung.

- Desertifikation ist eines der größten Umwelt- und Entwicklungsprobleme des 21. Jahrhunderts. Etwa zwei Milliarden Menschen leben in den Trockengebieten dieser Welt. Deren ökologische Leistungsfähigkeit ist durch fortschreitende Degradation der Böden und anderer natürlicher Ressourcen gefährdet, heißt es im Konferenzreport zur internationalen Konferenz „Desertifikation und Sicherheit“ im Jahre

2006. Von Desertifikation spricht man, wenn Boden durch zu intensive Nutzung unfruchtbar wird und verödet. Das Problem ist brisant: Die Lebensgrundlage von über 1 Milliarde Menschen in mehr als 110 Ländern ist durch anhaltenden Verlust an fruchtbarem Boden gefährdet. Desertifikation führt zu Hungersnöten, Armut sowie sozialen, wirtschaftlichen und politischen Spannungen, die ihrerseits wieder Konflikte, noch mehr Armut und weitere Bodenverschlechterung zur Folge haben können.

- Desertifikationserscheinungen sind inzwischen in 70% aller Trockengebiete festzustellen. Betroffen sind im Jahr 2006, das zum „Internationalen Jahr der Wüsten und Desertifikation“ ausgerufen wurde, 36 Millionen km², eine Fläche dreieinhalb Mal so groß wie Europa. In Afrika leben 40% der Gesamtbevölkerung in Gebieten, die von Desertifikation bedroht sind, in Asien 39%, in Südamerika 30%. Es sind gerade die Entwicklungsländer, die besonders unter der Zerstörung von Land und Ressourcen leiden: Die 50 am wenigsten entwickelten Länder sind besonders stark von der Desertifikation betroffen. In diesen Ländern nehmen Trockengebiete rund zwei Drittel der Landesfläche ein.

- Weltweit sind bereits rund zwei Milliarden Hektar Ackerland und Weideflächen unterschiedlich stark degradiert. Das sind 15% der Böden weltweit – es entspricht einem Gebiet von der Größe der Vereinigten Staaten und Mexikos zusammen. Neun Millionen Hektar davon sind irreparabel zerstört und damit endgültig verloren. In den betroffenen Gebieten leben rund eine Milliarde Menschen.
  Weltweit werden im Jahr rund fünf bis sieben Millionen Hektar Boden, der für Ackerbau oder Weide nutzbar war, vernichtet; dies entspricht der Fläche Irlands.

  Weitere 30 Millionen Quadratkilometer sind akut von der Verwüstung bedroht. 25 Milliarden Tonnen wertvoller Bodenkrume gehen jedes Jahr für immer verloren. Die Degradierung fürht jährlich zu Einkommensverlusten in Höhe von 42 Milliarden Dollar. Allein im Sahel gehen seit der großen Dürren von 1972/73 jedes Jahr etwa 1,5 Millionen Hektar landwirtschaftliche Nutzfläche verloren.

- Die größten Sand- und Geröll-Landschaften der Welt, wie die Sahara in Afrika oder die Wüste Gobi in Zentralasien, schieben sich immer weiter Richtung

Zivilisation voran. Mehr als 12 Milliarden Menschen seien bedroht. Bis zu 40% der globalen Landfläche gelten bereits als Trockengebiete. Der gesamte Süden Europas müsse sich auf eine „Afrikanisierung" des Klimas einstellen.

- Dramatisch ist auch die Lage in China. Der Lebensraum von 400 Millionen Menschen ist bedroht. Wüsten bedecken bereits 2,64 Millionen Quadratkilometer. Das entspricht einem Viertel von Chinas Landmasse.

- In Spanien drohen infolge der Erderwärmung „afrikanische Verhältnisse", ergab ein Gutachten 17 spanischer Klimaexperten. Ein Drittel der Iberischen Halbinsel könnte danach bis zum Ende des Jahrhunderts zu einer Wüste werden. Große Teile Andalusiens wären durch den Klimawandel von der Wüstenbildung betroffen. Die Luftfeuchtigkeit wird rapide abnehmen, die Temperaturen auf über 50 Grad klettern, und noch bis zum Ende des Jahrhunderts könnten mehrere Meter Strand durch den Anstieg des Meeresspiegels verschwinden. Die Klimaforscher befürchten, daß von der „Afrikanisierung" rund zwei Drittel Spaniens betroffen sein werden.

- In Australien ist nach Angaben des staatlichen Forschungsinstituts CSIRO der Wasserstand im Murray-Darling-Fluß-System im Südosten des Landes, der wichtigsten Agrarregion des Lands, dramatisch gefallen. 2007 wird berichtet, daß nach zwölf Jahren Dürre die jährliche Wassermenge, die durch das System fließt, in den letzten sechs Jahren von 11400 auf 4200 Gigaliter zurückgegangen ist. Verschiedenen Quellen zufolge nehmen sich pro Woche in Australien bis zu vier Landwirte das Leben.

- Nordamerika gehört zu den Regionen mit dem am schnellsten steigenden Anteil an Desertifikation. In den Great Plains, die allein 1,3 Millionen Quadratmeter Land in zehn amerikanischen Bundesstaaten umfassen, hat die Zerstörung der natürlichen Vegetationsdecke bei Starkregen und die nicht angepaßte agrare Nutzung sowohl durch den Anbau als auch durch die Weidewirtschaft zur flächenhaften Erosion geführt. Verheerende Staubstürme fegten über die Great Plains. Aufgrund der Rodung des Präriegrases zur Urbarmachung für landwirtschaftliche Nutzung führten jahrelange Dürren zu fatalen Auswirkungen. Die tiefen Wurzeln des Präriegrases hatten die oberen Bodenschichten vor Erosion bewahrt, die nun massiv einsetzte. Durch die Trockenheit und die Staubstürme wurden die Ernten vernichtet. Der Konkurs von mehr als einer halben Million Farmern war die Folge.

Christus sprach auch davon, daß die Stürme mit zur Wüstenbildung beitragen. Erschreckend, wenn man heute liest, was unter anderem damit gemeint war:

- Israelische Forscher kamen nach Auswertung von Daten, die die „NASA Tropical Rainfall Measurement Mission" lieferte, zu dem Ergebnis, daß Sandstürme die Wüstenbildung begünstigen. Wüstenstaub aus Sandstürmen verhindert Wolkenbildung und Regen. Er fördert damit die Dürre und die Bildung von Wüsten auch in weit entfernten Regionen. Man sollte meinen, Staubstürme könnten mit ihren großen Sandkörnern viel Wasser binden und damit die Bildung großer Tropfen verursachen. Doch interessanterweise ist das Gegenteil der Fall. Nach den Analysen der Wissenschaftler sind Sandstürme also nicht das <u>Resultat</u> von Versteppung und Wüstenbildung, sondern die <u>Ursache</u> zunehmender Trockenheit. Die fortschreitende Bodenerosion durch alles abgrasende Rinder- und Ziegenherden verschlimmert die Situation: Infolge der immer geringer werdenden Vegetationsdecke können Sandstürme immer mehr Staub in die Atmosphäre befördern. Die Wissenschaftler halten dies für eine der wesentlichen Ursachen der seit Jahrzehnten anhaltenden Trockenperiode in der afrikanischen Sahel-Zone.

- Die Zahl der Sandstürme hat sich in Asien seit 1950 verfünffacht. Die südkoreanische Hauptstadt Seoul und japanische Städte werden immer häufiger von gelbem Staub überzogen, der giftige Substanzen aus den Emissionen chinesischer Industriebetriebe enthält.

- Es wird geschätzt, daß im Jahr 2004 durch Sandstürme insgesamt etwa zwei bis drei Milliarden Tonnen Sand bewegt wurden. Eine Ursache für die zunehmenden Sandstürme ist die Benutzung von Geländewagen in den Wüsten. Durch die Geländewagen werden dünne, verhärtete Krusten auf den Wüstenoberflächen aufgebrochen, und damit der Erosionsschutz für den darunter liegenden Sand zerstört. Zum gleichen Effekt führte die Einführung von Rindern und Schafen in das Landesinnere von Australien. Die Hufe zerstörten die dünne Bewuchsschicht. Weitere Gründe sind die zunehmende Desertifikation, Entwaldung und der Klimawandel.

Meere

Der katastrophale Umgang des Menschen mit der Tierwelt, der Natur und der gesamten Mutter Erde führt zu immer mehr Katastrophen, deren Urheber wir Menschen sind. Diese zeigen sich in unserer Zeit bei allen Elementarkräften. In der Luft durch die vermehrt auftretenden Stürme, durch die verstärkte Sonneneinstrahlung aufgrund der durchlöcherten Atmosphäre und in der Erde durch die Dürre. Auch das Element Wasser bringt die Ursachen des Menschen zur Wirkung. Diese zeigt sich nicht nur durch den Anstieg der Meere, durch die Flutkatastrophen und Überschwemmungen, wie wir im Kapitel über den Klimawandel gelesen haben, sondern auch durch die Verschmutzung der Meere.

Amerikanische Forscher stellten fest, daß nur noch 4% der Weltmeere von den Folgen menschlichen Handelns unberührt sind, dagegen sind bereits rund 40% der

Wasserfläche aller Gewässer durch den Menschen negativ beeinflußt.

1984 sprach Christus zu den Menschen:

„Blickt auf die Erde! Was geschieht mit diesem leuchtenden Planeten? Das Herz der Erde, die Meere, sind verunreinigt durch atomare Kraft, durch weitere Verunreinigungen. Flüsse und Seen sind verschmutzt. Der Atommüll wird in die Erde und in die Meere gebracht. Was geschieht? Die Meere heizen sich mehr und mehr auf, die unterirdischen Wasserquellen sind verunreinigt; erhöht Quecksilber und Blei strahlt aus der Erde, und die Meere kochen. Die Polkappen schmelzen; der Kreislauf der Erde ist verunreinigt, wird ebenfalls erhitzt. Dadurch erhöht sich die Vulkantätigkeit, Polsprünge zeigen sich an, wodurch sich die Meere aus den Betten heben und andere Becken suchen...“

Und zwei Jahre später, 1986, erklärte Bruder Emanuel durch Gabriele:

„Die atomare Kraft verunreinigt nicht nur die Meere, die Flüsse, Seen, die Erde. Die atomare Kraft heizt die Meere auf – die sogenannten Polkappen beginnen zu schmelzen. Zu eurem besseren

Verständnis: Die Meere sind der Herd – die Herdplatte ist die Erde. Die Meere werden an- und aufgeheizt, die Herdplatte beginnt zu glühen."

Während die Auswirkungen immer deutlicher sichtbar werden, das Schmelzen der Polkappen und der Anstieg des Meeresspiegels, worüber wir im Kapitel „Klimawandel" berichteten, ist über die Ursache – die Verunreinigung der Meere durch die atomare Kraft – den meisten Menschen nur wenig bekannt. Wohlweislich wird darüber kaum gesprochen oder geschrieben. An dieser Stelle finden Sie einige Fakten, die das Ausmaß atomarer Belastung verdeutlichen:

- Nach einem Bericht der Internationalen Atomenergiebehörde (IAEA) lagert auf dem Meeresgrund Atommüll mit der Aktivität von 85 Billiarden Bequerel. Das ist in etwa so viel, wie bei der Tschernobyl-Katastrophe durch Cäsium und Strontium verstrahlt wurde. Allein im Atlantik liegen rund 250.000 Fässer in 65 bis 4750 Metern Tiefe; zumeist handelt es sich um leicht- und mittelradioaktive Abfälle, bisweilen auch um komplette Atomreaktoren. Die Versenkung von radioaktivem Abfall in die Ozeane ist zwar seit 1993 offiziell eingestellt,

doch die Wiederaufbereitungsanlagen, z.B. Sellafield in England und La Hague in Frankreich, verseuchen die Meere nach wie vor.
Messungen durch Greenpeace an den Abwasserrohren der Anlagen in La Hague (1997) und Sellafield (1998) brachten erschreckende Ergebnisse: Der Meeresboden rund um die Rohre enthält so viel Plutonium, daß die entnommenen Bodenproben nach deutschem Recht als Kernbrennstoff einzustufen sind. Die Verseuchung von Meerestieren wie Krebsen, Muscheln und Fischen ist vergleichbar mit der Kontamination nach nuklearen Großunfällen.

- Bekanntlich fand in der Ära des kalten Krieges ein regelrechter Wettlauf der Supermächte um Nuklearwaffen statt. Ein halbes Jahrhundert Waffenproduktion in den Vereinigten Staaten hinterließ Dutzende Millionen Kubikmeter langlebiger Nuklearabfälle. Man hat errechnet, daß die geplante Teilsanierung 75 Jahre dauern wird und zwischen 100 Mrd. und 1 Billion US-Dollar kosten wird – das kostspieligste Umweltsanierungsprogramm in der Geschichte.
  Noch schlimmer sind die Umweltschäden in der früheren Sowjetunion. Das Gebiet am Oberlauf des Ob in Westsibirien ist die radioaktivste Region auf

der ganzen Erde. 26 Tonnen Plutonium haben sich dort angesammelt. Ab 1958 deponierte man flüssige Abfälle im Karachai-See. Als 1967 der See während einer Dürre austrocknete, breitete sich über ein Gebiet von der Größe Belgiens gefährlicher Staub aus, der 3000 mal so radioaktiv war wie die Atombombe von Hiroshima. In den achtziger Jahren empfing jeder, der eine Stunde lang am Ufer des Karachai-See stand, eine tödliche Strahlungsdosis von 6 Sievert/Stunde. Der ehemalige Vorsitzende der Abteilung für nukleare Sicherheit in der UdSSR verglich die Situation mit 100 Tschernobyls.

Doch nicht nur durch die atomare Kraft werden die Meere verunreinigt. Christus sprach 1984 auch von weiteren Verunreinigungen der Meere. Welche Folgen diese haben, lesen wir auch in dem großen göttlichen Offenbarungswerk *Das ist Mein Wort* (Seite 597), in dem Christus 1989 den Menschen bereits deutlich machte:

„Durch die Verunreinigung der Flüsse, Seen und Meere sowie auch der Erdatmosphäre sterben viele Tier- und Pflanzenarten aus – im Wasser, in der Luft und auf der Erde.“

Die Wissenschaft hat bis heute folgendes festgestellt:

- Die Meeresschutzorganisation Oceana schätzt, daß weltweit jede Stunde rund 675 Tonnen Müll direkt ins Meer geworfen werden; die Hälfte davon ist aus Plastik. Kreisende Strömungen von Wind und Wasser haben dafür gesorgt, daß sich zwischen Kalifornien und Hawaii mittlerweile ein rund drei Millionen Tonnen schwerer Plastikteppich gebildet hat, der etwa so groß ist wie Mitteleuropa.
  Mehr als 260 Tierarten sind nachweislich dem Müll zum Opfer gefallen. Neben Fischen zählen dazu auch Schildkröten, Seevögel, Robben und Seelöwen. Jedes Jahr verenden allein über eine Million Seevögel und 100 000 Meeressäuger qualvoll durch den Müll, der in unseren Meeren treibt.
  Selbst wenn wir Menschen morgen damit aufhören würden, Plastik zu produzieren – die vielen Millionen Tonnen, die bislang in die Ozeane gelangt sind, werden noch Jahrtausende mit den Strömungen um die Welt treiben.

- Die sichtbare Verschmutzung im Meer ist womöglich nicht mal das größte Problem. Noch verheerender wirkt der Unrat, wenn er langsam unsichtbar wird. Kunststoffe z.B. werden im Wasser durch Sonneneinstrahlung und Wellenbewegungen allmählich kleiner und kleiner gemahlen, bis nur noch eine Art Pulver übrig ist. Ist das Plastikpulver fein genug, kann es selbst von Zooplankton verschluckt werden und über diesen Weg in der Nahrungskette immer weiter aufsteigen, bis es irgendwann in unseren Lebensmitteln landet. Dieses Szenario erscheint um so bedrohlicher, wenn man die Entdeckung des Geochemikers Hideshige Takada von der Universität in Tokio mit einbezieht, der bei einer Untersuchung von Plastikbruchstücken herausfand, daß sich an den Pellets auch giftige und krebsverursachende Chemikalien wie DDT und Polychlorierte Biphenyle anlagern. Die Konzentration einzelner Giftstoffe an der Oberfläche der Pellets war bis zu eine Million Mal höher als im umgebenden Wasser.

- Todeszonen im Ozean: Sie können bis zu 70 000 Quadratkilometer groß werden, die „toten Meereszonen“, in denen alle Lebewesen sterben, weil es an Sauerstoff mangelt. Nach Angaben des Umweltamtes der Vereinten Nationen ist die Zahl dieser unbelebten Gebiete in den Weltmeeren inzwischen auf 200 gestiegen. 2004 waren es noch 149.

Betroffen sind zahlreiche Gewässer von der Ostsee über das Schwarze Meer bis zum Pazifik vor der Küste Neuseelands. Die Zunahme der toten Meereszonen hat verschiedene Gründe. Eine zentrale Rolle spielen die großen Mengen Stickstoff und Phosphat aus der Landwirtschaft, die über Flüsse ins Meer gelangen. Auch können ungeklärte Abwässer den Sauerstoffmangel verursachen, indem sie das Algenwachstum fördern. Besonders in Afrika, Asien und Lateinamerika gelangen 80% der Abwässer ungeklärt ins Meer.

- Der Drei-Schluchten-Staudamm in China:
  Auf einer Länge von 663 Kilometer entsteht ein riesiger Stausee. 2008 soll er mit 175 Metern seine Endhöhe erreicht haben. Häuser, Fabriken, Straßen, Schulen und Friedhöfe sind in den braunen Wassermassen versunken. Der Stausee schluckt Industrieabwässer, hunderte Millionen Kubikmeter pro Jahr. Reichert sich an mit Arsen und Strontium. Saugt sich voll mit den Fäkalien von Millionen von Menschen und verschlingt zusätzlich noch tonnenweise Chemiedünger, den der Regen von den Feldern spült. Der Stausee ist auf dem besten Weg, zur größten Kloake des Planeten zu werden. In den nächsten

zehn Jahren müssen vier Millionen Menschen umgesiedelt werden. Das sind viermal so viel, wie ursprünglich geplant. Die Ursache dafür ist die erhebliche Verschlechterung der Umweltbedingungen.

- Weltweit werden jährlich 400 Mio. Tonnen Chemikalien produziert und an Industrie, Landwirtschaft und Privatverbraucher in Umlauf gebracht. Ein Teil davon gelangt zwangsläufig in das Grundwasser und in die Flüsse. Eine wichtige Ursache der Wasserbelastung sind Antibiotika, die in der Massentierhaltung eingesetzt werden. Allein in der EU wurden 1999 3900 Tonnen Antibiotika in der Tiermast verabreicht und 786 Tonnen als Leistungsförderer eingesetzt. Die Antibiotikarückstände gelangen mit der Gülle auf die Felder und versickern ins Grundwasser.

- Von den 100.000 Chemikalien und 600 Pestiziden, die heute verwendet werden, sind nur ca. 25% ökotoxikologisch getestet. Somit ist bei den meisten Chemikalien nicht bekannt, wie chronische Konzentrationen auf Lebewesen einwirken.

- In den letzten Jahren wurden vermehrt hormonaktive Substanzen im Wasser entdeckt, sogenannte

„endocrine disruptors". Es sind inzwischen 70 Stoffe nachgewiesen, die mit Sicherheit eine störende Wirkung auf das Geschlechtshormonsystem und auf die Schilddrüsen haben. Dazu kommen ca. 75 Substanzen, die wahrscheinlich hormonaktiv sind.
Die meisten dieser 145 Stoffe haben eine östrogenartige Aktivität. Dadurch kann es bei Tieren und Menschen zu Störungen in der Fortpflanzungsfähigkeit kommen. Besonders die Amphibien-Populationen nehmen generell in erschreckendem Maße ab. Bei vielen Fischarten wurde weltweit eine Verweiblichung nachgewiesen, wenn sie mit Abwässern aus Kläranlagen in Berührung kamen.

Die Brisanz hormonaktiver Stoffe besteht darin, daß sie sich in ihrer Wirkung addieren. Die Konzentration eines Einzelstoffs kann durchaus unter der Wirkungsschwelle liegen; wenn aber mehrere dieser Substanzen zusammenkommen, resultiert daraus eine erhebliche hormonelle Wirkung.

- Meeresschnecken aus Küstengewässern weltweit zeigen typische Vermännlichungserscheinungen, die auf Tributylzinnverbindungen (TBT) zurückzuführen sind. TBT ist Bestandteil von Unterwasserfarbanstrichen der Schiffe; diese Farbanstriche verhindern das Algenwachstum an den Schiffsrümpfen.

Soweit einige Fakten über die Verunreinigung des Wassers und seine Folgen. Eine der Folgen ist, wie wir gelesen haben, das Artensterben; doch das gilt nicht nur für die Tiere im Wasser, sondern für sehr viele weitere Tier- und Pflanzenarten.

Artensterben

Vergegenwärtigen wir uns noch einmal die Worte des Christus, die wir in dem göttlichen Offenbarungswerk *Das ist Mein Wort* (Seite 597) lesen können:

> *„Erkennet: Jedes Tier empfindet und spürt, was der Mensch mit ihm vorhat. In der Zeitenwende, in der Ich den Inhalt jenes Buches erkläre, berichtige und vertiefe [1989], hat die Brutalität gegenüber der Tier- und Pflanzenwelt ein unvorstellbares Ausmaß erreicht. Die Tiere und die Pflanzen leiden unter der Willkür der Menschen. Viele Menschen haben nicht nur vor ihrem eigenen Leben keine Achtung mehr, sondern auch nicht vor der gesamten Schöpfung. ...*

Durch die Verunreinigung der Flüsse, Seen und Meere sowie auch der Erdatmosphäre sterben viele Tier- und Pflanzenarten aus – im Wasser, in der Luft und auf der Erde ...“

Die Brutalität der Menschen gegenüber der Tier- und Pflanzenwelt kennt wahrlich keine Grenzen. Denken wir nur an das Leid der Tiere in der Massentierhaltung, bei Tiertransporten und der Schlachtung. An die Not der Tiere in Wald und Feld, die in ständiger Todesangst vor den Jägern leben müssen. Die Qualen der Tiere in den Versuchslaboren sind unbeschreiblich, und der Mensch hat noch viele weitere „Traditionen“, mit denen er die Tiere quält. So trägt er mit seiner Gier teilweise direkt zum Aussterben einzelner Tierarten bei. Welche Bedeutung dieses Sterben vieler Tier- und Pflanzenarten für uns Menschen hat, wird klar, wenn wir lesen, was uns Christus im Jahre 1993 erklärte:

„O ihr Menschen, ist euch bewußt, daß ihr ohne die Natur, ohne Tiere, Pflanzen und Mineralien nicht leben könnt? Viele haben dies noch nicht begriffen und sind über die Mitte hinweggegangen, haben das Erdreich geschändet und schänden es weiterhin. So schänden sie auch ihren physischen Körper.

Wahrlich, wahrlich, Ich sage euch: Die Natur ist das Barometer für euer Leben oder für euer Sterben. Stirbt die Natur, dann stirbt das Menschengeschlecht. Erblüht die Natur, ist sie gesund, dann ist auch der Mensch gesund, und das Menschengeschlecht tut sich auf für das Licht. Viele Menschen öffnen sich für die Finsternis und schänden die Erde, schänden Tiere, Pflanzen und Mineralien ...“

Anhand dieses Barometers läßt sich mittels wissenschaftlicher Fakten heute deutlich ablesen, wo das Menschengeschlecht steht.

- In der von der Weltnaturschutzunion (IUCN) am 12.09.2007 veröffentlichten Roten Liste 2007 werden mehr als 16.300 Tier- und Pflanzenarten offiziell als vom Aussterben bedroht geführt, das sind fast 200 mehr als im Vorjahr. Insgesamt stehen 41.415 Arten auf der Roten Liste der bedrohten Tier- und Pflanzenarten. Laut IUCN sind jede vierte Säugetierart, jede achte Vogelart und ein Drittel aller Amphibien bedroht. Dies gelte auch für 70% der bekannten Pflanzen. Auf der Roten Liste stehen derzeit 12.043 Pflanzenarten, wovon 8.447 als gefährdet gelten. Die Geschwindigkeit des Verlustes der

Artenvielfalt nimmt weiter zu. Laut IUCN sterben derzeit 100 bis 1000 Mal so viele Arten aus, wie es im Verlaufe der natürlichen Evolution geschehen würde.

- Das Artensterben ist an sich ein normaler Bestandteil der Evolution, aber durch menschliche Einflüsse steigt das Tempo exponentiell. Nach Schätzungen starb 200 Mio. Jahre lang durchschnittlich eine Art pro Jahr aus; seit 1985 beträgt diese Rate eine Art pro Stunde, seit 2000 gar eine Art pro 30 Minuten. Der WWF rechnet mit dem Verschwinden von 25.000 Tier- und Pflanzenarten jedes Jahr.

- Nach einer Studie, die am 10.09.2004 in der Fachzeitung „Science" publiziert wurde, setzt das Aussterben von Tieren und Pflanzen eine Kettenreaktion in Gang. So kann beispielsweise das Verschwinden einer einzigen Tierart wie einer südamerikanischen Ameise bis zu 100 Vogel-, Käfer- und Milbenarten in ihrer Existenzgrundlage bedrohen. Die Wissenschaftler warnen, daß die bisherigen Zahlen bedrohter Arten nicht das Gesamtbild reflektieren.

- Vor allem die Abholzung der Regenwälder führt zum Aussterben vieler Tier- und Pflanzenarten, denn die tropischen Regenwälder sind das Zentrum der globalen Artenvielfalt. Sie bedecken zwar nur 6% der Landfläche, beherbergen aber mehr als die Hälfte aller bekannten Organismenarten. Im Amazonasregenwald befinden sich auf einer Fläche von 10 km^2 mehr Pflanzen und Tiere als in ganz Europa.

Seit den achtziger Jahren beträgt die Entwaldungsrate aller tropischen Regenwälder etwa 1% pro Jahr, nach Schätzung der FAO. Jedes Jahr verschwindet eine Fläche, die der Hälfte des US-Bundesstaates Florida entspricht. Die Regenwälder der westindischen Inseln, der brasilianischen Atlantikküste, Madagaskars und der Philippinen sind bereits auf weniger als 10% ihrer ursprünglichen Größe geschrumpft.

- In 15 Jahren hat die Erde rund 3% ihres grünen Kleides verloren, eine Waldfläche von mehr als der dreifachen Größe Deutschlands. Das geht aus dem Waldbericht der Welternährungsorganisation FAO, einer Unterorganisation der Uno, im Jahr 2007 hervor. Den schlimmsten Waldschwund beklagt die UN-Organisation in Afrika, Lateinamerika und der Karibik.

- Der Amazonasregenwald bedeckte allein in Brasilien ursprünglich etwa 4,1 Millionen Quadratkilometer. Mittlerweile ist er auf 3,4 Millionen Quadratkilometer geschrumpft. Damit sind bereits 17% dieses einmaligen Lebensraumes unwiederbringlich verloren. Von 2002 bis 2006 wurden jährlich im Durchschnitt knapp 2,15 Millionen Hektar Amazonasregenwald vernichtet – das entspricht 4,1 Hektar bzw. fast 6 Fußballfelder pro Minute!
  In Brasilien ist es besonders das Problem der Fleischtierhaltung, unter dem die Wälder leiden – und das gleich in zweifacher Hinsicht: Dort wird Weidefläche, vor allem für Rinder, in großem Stil gerodet. Vor allem aber brauchen die Großgrundbesitzer immer neue Felder, um Unmengen an Sojabohnen anzubauen. Dieses energiereiche Futter wird auf der ganzen Welt in der Masttierhaltung eingesetzt. Gewissermaßen ist es also die Gier nach billigem Fleisch in den reichen Ländern, die den südamerikanischen Regenwald auffrißt.

- Die fortschreitende Abholzung des größten tropischen Waldes bedroht nicht nur die Pflanzenvielfalt. Die Computersimulationen der Forscher prognostizieren, daß die Zerstörung des Regenwaldes eine große Dürre auslösen könnte. Kettenreaktionen in der Atmosphäre würden den Polar-Jet verschieben und damit auch die Niederschläge, die er mit sich bringt. Der Polar-Jet ist ein schmales, bandartiges Starkwindfeld in oberen Schichten der Atmosphäre mit hohen vertikalen und horizontalen Windgeschwindigkeiten. Die fehlenden Niederschläge könnten danach sogar dazu führen, daß sich der fruchtbare Regenwald in eine trockene Savanne verwandelt.

Die Pflanzenwelt hat aber nicht nur einen großen Einfluß auf den Niederschlag, sondern auch auf die CO_2-Bilanz des Landes. Die Bäume des Amazonas speichern, so der Bericht des WWF, 90 bis 140 Milliarden Tonnen Kohlenstoffdioxid. Das entspricht einer Menge, wie sie innerhalb von 9 bis 14 Jahren durch menschliche Aktivitäten freigesetzt wird. Die Abholzung der Wälder – ob nun durch Rodung oder die Verrottung der Bäume – entläßt schon jetzt bis zu 400 Millionen Tonnen Kohlenstoffdioxid jedes Jahr in die Atmosphäre; das entspricht 80% der von Brasilien produzierten Treibhausgase.

- In Indonesien werden jährlich 400 qkm Urwald vernichtet, nur für den deutschen Tropenholzmarkt.

In die EU werden jährlich Holzprodukte im Wert von 1,2 Mrd. Euro importiert, die aus illegalen Quellen stammen. Nach Angaben des World Wildlife Fund kommen etwa 80% der Tropenholzprodukte, die auf dem deutschen Markt sind, aus illegalen Quellen.

Ebenfalls nach Angaben des WWF ist davon auszugehen, daß bis zum Jahr 2020 rund 22 Mio. ha Urwald und Savanne in Südamerika dem zunehmenden Sojaanbau zum Opfer fallen. Die weltweite Sojanachfrage dürfte um 60% steigen, hauptsächlich aus China und Europa, wo Soja, das zumeist genmanipuliert ist, in großem Stil zur Fütterung in der Massentierhaltung eingesetzt wird. 2003 importierte die EU allein 30 Mio. Tonnen Sojamehl als Viehfutter.

- Britische Forscher haben über einen Zeitraum von 520 Millionen Jahren auf die Geschichte des Lebens zurückgeblickt – und einen verhängnisvollen Zusammenhang gefunden: Jedes der fünf bekannten großen Massensterben in der Erdgeschichte stand in Zusammenhang mit einer Temperaturerhöhung. Wenn die Menschen der Erde weiterhin durch Treibhausgasemission einheizen, bedrohe dies die Artenvielfalt, mahnen die Forscher, und weitere Massensterben seien für die nahe Zukunft nicht auszuschließen, schreiben sie im Fachmagazin „Proceedings of the Royal Society B".

Wenn Forscher bereits von einem Massensterben sprechen und wir uns an die Aussage des Christus-Gottes-Geistes aus dem Jahre 1993 erinnern, daß die Natur das Barometer für unser Leben oder für unser Sterben ist – was läßt uns dann so sicher sein, daß die „Spezies Mensch" dieses Sterben überlebt?

Artensterben – Was wird aus der Spezies Mensch?

Die Wissenschaftler sprechen heutzutage immer wieder vom Artensterben der Pflanzen und Tiere und entwickeln bereits ihre eigenen Ideen, um für den Notfall vorzusorgen. Im Jahr 2008 machte z.B. ein Projekt auf Spitzbergen große Schlagzeilen. Auf der arktischen Polarinsel wurde eine „moderne Neuauflage der Arche Noah", wie sie von Politikern bezeichnet wurde, eröffnet, in der 4,5 Millionen Samenproben von Nutzpflanzen aufgenommen werden sollen. Dieser Kühlschrank für Kulturpflanzen – „ein gefrorener Garten Eden",

wie ihn EU-Kommissionspräsident Barroso bezeichnete – wurde 120 Meter tief in die Erde gebaut, 130 Meter über dem aktuellen Meeresspiegel, damit selbst bei einem Abschmelzen eines großen Teils der Eisdecke kein Wasser eindringen kann und die Pflanzensamen, geschützt von hohen und dicken Betonmauern, auch einen Atomkrieg oder andere globale Katastrophen überstehen würden.
Was veranlaßt Wissenschaftler und Politiker zu einem solchen kostenintensiven Projekt? Wissen sie vielleicht schon mehr, als sie der Menschheit verraten? Haben sie die Erde bereits aufgegeben? Fragen, auf die wir von seiten der Wissenschaft und Politik wohl keine Antwort bekommen werden, die uns jedoch erahnen lassen, wo die Welt heute steht.

Auch gegen das Aussterben der Tierarten – offiziell zur Bewahrung der genetischen Informationen – wurden mehrere wissenschaftliche Projekte wie die „Frozen Arc“ des Natural History Museums in London oder die „Frozen Zoo“-Konzepte in den USA gegründet. Diese Projekte zielen darauf ab, das Erbgut, das heißt Gewebe- und DNS-Proben vom Aussterben bedrohter Arten, zu sammeln und tief gefroren für die Nachwelt zu bewahren. Vordergründig gilt die globale

Gendatenbank als Wissensressource, die Erkenntnisse über die Entstehung der Arten und ihre Veränderungen in der Evolutionsgeschichte liefern soll. Doch nicht wenige Wissenschaftler hoffen, eines Tages aus dem tief gefrorenen DNS-Material genetische Klone zu produzieren, um ausgestorbene Tiere wieder auferstehen zu lassen. Aber in welchem Lebensraum sollten die Tiere dann wieder angesiedelt werden? In dem Lebensraum, der vom Menschen so weit zerstört wurde, daß die Art ausstarb?

Neben dem Einlagern von Pflanzensamen und dem Tiefgefrieren von Tiergenen haben Wissenschaftler der europäischen Weltraumagentur ESA über die Möglichkeit nachgedacht, eine Datenbank auf dem Mond anzulegen, um den Überlebenden einer weltweiten Katastrophe den Zugriff zum derzeit vorhandenen Wissen zu ermöglichen. Ab 2020 würden die Wissenschaftler gerne die erste Datenbank auf dem Mond plaziert haben, die eine Lebensdauer von 30 Jahren haben soll. Die offene Frage ist nur, wie man diese Informationen nach einer Katastrophe auf der Erde wieder empfangen sollte. Auch hier kann man nur die Frage stellen, was die Wissenschaftler bewegt, über solche Projekte nachzudenken. An welche globalen Katastrophen denken sie?

Es ist jedoch mehr als fraglich, ob uns diese Maßnahmen vor dem bewahren können, was Christus 1993 offenbarte: *„Die Natur ist das Barometer für euer Leben oder für euer Sterben. Stirbt die Natur, dann stirbt das Menschengeschlecht.*" Hierzu einige wissenschaftliche Fakten:

- In einer Metastudie analysierten US-Forscher 120 wissenschaftliche Fachaufsätze und kamen 2007 zu dem Ergebnis, daß bereits mehr als ein Drittel aller Todesfälle auf Belastungen der Umwelt mit Chemikalien und Giften zurückgeht. Die Umwelteinflüsse wie Luft-, Wasser- oder Bodenverschmutzung tragen zur Unterernährung und zur Krankheitsanfälligkeit von 3,7 Milliarden Menschen bei. Von den 6,5 Milliarden Menschen auf dem Globus leiden 57% unter Mangelernährung, im Jahr 1950 betrug die Mangelernähungsquote noch 20%. Jährlich sterben bis zu 2,7 Millionen Menschen an verschmutztem Wasser und etwa 3 Millionen an Luftverschmutzung.

Die Zahlen dieser Studie sind erschreckend, sterben doch danach bereits heute vier von zehn Menschen an den Folgen der Umweltverschmutzung. Ein Jahr zuvor

(2006) schätzte die Weltgesundheitsorganisation den Anteil der Umwelt-Toten noch auf 23%. – Was wird die Zukunft bringen?
Einen deutlichen Hinweis darauf erhielten wir bereits im Jahre 1998 durch Bruder Emanuel aus der geistigen Welt, der durch Gabriele zu uns sprach:

„Nun denkt mit. Zuerst sterben die Naturreiche, einschließlich der Tiere, denn sie waren angeblich zuerst da, vor den Menschen. Unzählige Pflanzen- und Tierarten sterben aus. Die Menschheit kann ohne die Natur nicht leben. Also kommt das Sterben mit der Natur, ihr würdet sagen: anschließend. Zuerst die Natur, die Tiere, dann die Menschen.
Ich sage euch: Diese Erde wird immer mehr versteppen. Die Wasser suchen sich neue Ströme und neue Becken. Die Vulkantätigkeit muß noch mehr zunehmen, denn das Innerste der Erde ist fruchtbar. Die Lava deckt zu, was an Unrat vorhanden ist, was der Mensch geschaffen hat, um die Erde zu quälen, sie zu malträtieren, vielleicht sogar töten zu wollen – doch das ist unmöglich.
Und so mancher der 'Großen' greift nach den Sternen und denkt, es müsse irgendwo im Kosmos Leben sein, um dort weiterleben zu können. Überall ist Leben – aber nicht für diesen Menschen.

O sehet: So wird auch dieses Menschengeschlecht aussterben. Doch ihr könnt immer wiederkommen...“

Das Sterben des Menschengeschlechtes wird eingeleitet durch die Naturkatastrophen, von denen Bruder Emanuel bereits 1986 sprach. Doch er sprach nicht nur von den Naturkatastrophen, sondern offenbarte durch Gabriele auch folgende Worte:

„Die Katastrophe setzt sich aber auch unter den Menschen fort: Das Klima verändert sich, die Menschen werden angeheizt – das Nervensystem verkrampft sich. All das, was der Mensch im Ober- und Unterbewußtsein und in den Seelenhüllen gespeichert hat, kommt zur Wirkung. Was geschieht auf dieser Erde? Mord, Feindschaft, Rivalitäten, Bürgerkriege...“

Die göttliche Welt warnte also bereits 1986 vor drohenden Bürgerkriegen. Bei der Weltklimakonferenz auf Bali im Dezember 2007 warnte schließlich auch der führende deutsche Klimaexperte Hans Joachim Schellnhuber und sprach davon, daß die forschreitende Erderwärmung sogar zu einem „globalen Bürgerkrieg“ führen könnte. Ob diese Katastrophe nun noch abgewendet werden kann, ist fraglich. Die Warnungen der göttlichen Welt jedoch kamen rechtzeitig, denn bereits 17 Jahr zuvor, 1990, sprach Christus folgende mahnende Worte durch Gabriele:

„Große Teile der Erde werden zur Steppe. Die Hungersnot bricht da und dort auf. Viele Menschen machen sich auf den Weg, um Nahrung zu finden, um wieder Obdach zu haben. Gleichzeitig kommen die Katastrophen; nicht nur die Naturkatastrophen, sondern auch ganze Völkerkatastrophen – denn die, die hungern, all jene, denen das Äußere hinweggenommen wurde, werden mehr und mehr aggressiv. Sie greifen zu allen möglichen Gegenständen, die sie dann zu Waffen machen gegen ihre Nächsten, um zu beuten, um zu holen, um sich das zu verschaffen, was sie gerade noch für ihre Körper erhalten können."

Und im Jahre 1992 gab uns Christus ein Bild, das wir heute mehr und mehr verstehen:

„Die Erde ist mit einer Waage zu vergleichen. In einer der Waagschalen ist der Süden, in der anderen Waagschale ist der Norden. Die Waagschale des Nordens neigt sich, die Waagschale des Südens

ergießt sich über den Norden. Wohl dem, der dies Zeichen erkennt und sich rettet.“

Diese Gefahren sehen mittlerweile auch Politiker der EU und stufen den globalen Klimawandel und seine Auswirkungen seit März 2008 als sicherheitspolitisches Risiko und als Bedrohung für Europa ein.

- Der Klimawandel wirke nach Aussage der EU-Außenminister als „Bedrohungsmultiplikator“, weil er bereits bestehende Spannungen und Instabilität verstärke. Als Risikofaktoren gelten der Konflikt um Wasser, Lebensmittel und Energieressourcen, drohende Überschwemmungen in riesigen Städten in Küstenregionen, das Verschwinden von Landstrichen und Inseln und daraus resultierende Grenzkonflikte und Flüchtlingswellen in Entwicklungsländern.
  Besonders bedrohte Regionen seien der afrikanische Kontinent, der Nahe Osten, Südasien, Zentralasien, Lateinamerika und die Arktis. Als mögliche Folgen der durch den „Bedrohungsmultiplikator“ Klimawandel verstärkten Spannungen und Instabilitäten beschreibt das EU-Dokument große Flüchtlingsströme in die EU.

- Der Klimaexperte der Umweltorganisation Greenpeace, Karsten Smid, spricht schon im Jahr 2008 von 20 Millionen Menschen, die derzeit vor den Folgen des Klimawandels auf der Flucht sind – das sind mehr als die Hälfte aller Flüchtlinge weltweit. 2007 veröffentlichte Greenpeace eine Studie zur Situation der Klimaflüchtlinge mit dem Ergebnis, daß in den nächsten 30 Jahren 200 Millionen Menschen ihre Heimat verlassen, weil ihre Lebensbedingungen durch den Klimawandel immer schlechter werden.

Und Gott, unser himmlischer Vater, warnte uns zu Weihnachten 1998 in einer göttlichen Botschaft aus dem All durch Seine Prophetin und Botschafterin, Gabriele:

> *„Was steht vor der Weltentür? Chaos. Erdkatastrophen. Global gesprochen: die Sintflut, die die Sünder heimsucht. Kontinente werden verschwinden, Teile von Kontinenten werden den Wassern anheimfallen. So manches Land rutscht in den Abgrund. Eure Berge werden vergehen, denn die Täler füllen sich mit Wasser. Wo, wo ist dann euer hochgelobtes Erbe, das ihr von den Vätern geerbt habt, Geld und Gut, Güter, Länder, Besitztümer und, und,*

und? Unter der Lava? Unter den Gewässern? Um alles zu holen, müßtet ihr Taucher werden - oder Arbeiter, um das Gestein zu entfernen. Oder baut ihr darauf eure sogenannten Armenhäuser? Wahrlich, Ich sage euch: Es wird wenig Land fruchtbar bleiben. Die Menschen schätzen die große Einheit, die Verbrüderung, nicht; sie leben als Einzelwesen und werden somit den Fluten der Welt anheimfallen."

- Die Londoner Forschergruppe International Alert hat im November 2007 ihren Report „A Climate of Conflict" vorgestellt. Darin heißt es, daß in 46 Staaten mit insgesamt 2,7 Milliarden Einwohnern die Folgen des Klimawandels im Zusammenspiel mit wirtschaftlichen, sozialen und politischen Problemen zu einem hohen Risiko bewaffneter Konflikte führen wird. In weiteren 56 Staaten mit 1,2 Milliarden Einwohnern würden die Effekte der globalen Erwärmung voraussichtlich politische Instabilität auslösen, die langfristig dort auch zu kriegerischen Auseinandersetzungen führen könnten.

In dieser göttlichen Botschaft sprach unser Vater auch davon, daß die Berge vergehen werden und sich die

Täler mit Wasser füllen. Neue Erkenntnisse der Wissenschaftler ergeben:

- Die Temperaturen steigen in den Alpen doppelt so schnell wie im globalen Durchschnitt. Permafrost, der seit Jahrtausenden ganze Gebirgszüge wie Beton versiegelte, droht aufzutauen. So könnten Berghänge ins Rutschen kommen. Der Permafrost, auch ewiges Eis genannt, verklebt Spalten und Risse. Schmilzt der Permafrost, bröselt und bröckelt der Fels und fällt schließlich runter.

- Die Wahrscheinlichkeit von großen Bergstürzen in den Alpen nimmt mit fortgesetzter Erwärmung und Eisschmelze zu. Seit Mitte der 1980er Jahre wurden 7 Stürze mit über einer Million Kubikmetern Gestein registriert. Ziemlich sicher war Permafrost bei vier Stürzen beteiligt.

- Zwischen 500.000 und 700.000 Kubikmeter Gestein sind z.B. im Juli 2006 von der Ostflanke des Eiger in den Schweizer Alpen abgebrochen. Die Menge abgebrochenen Materials entspricht in seinem Volumen etwa der Hälfte des New Yorker Empire State Buildings.

Die Ursache für den Abbruch sehen Geologen im Zurückweichen des Grindelwaldgletschers: Durch die schwindende Last des Eises dehne sich nun das Gestein aus, und Spannungen könnten sich entladen. Zusätzlich könne Wasser in das Gestein eindringen.

- 2002 veröffentlichte das UN-Umweltprogramm (Unep) eine Studie, die vor Flutkatastrophen durch schmelzende Gletscher in der Himalaya-Region warnt: 44 Gletscherseen stellen mit ihrem hohen Wasserstand eine reale Bedrohung für die Täler und großen Abflußgebiete dar. Durch den schnellen Anstieg der Gletscherseen, die durch Eisdämme, Schutt und Geröll aufgestaut werden, können nach Dammbrüchen Flutwellen ausgelöst werden. Solche Gefahrenpotentiale gibt es auch in den Anden.

  Forscher vom International Centre for Integrated Mountain Development (ICIMOD) in Nepal kamen 2006 zu dem Ergebnis, daß es bisher alle 200 bis 300 Jahre in der Region blitzschnelle Fluten mit Katastrophen-Potential gegeben hat, doch nun würden sie alle zwei bis drei Jahre kommen. Der Grund ist der Klimawandel und die damit einhergehende Erderwärmung. Das führt dazu, daß Hunderte Gletscher in immer schnellerem Tempo schmelzen und somit zurückweichen. Zum Beispiel die Zunge des Gletschers Kongma Tikpe in Nepal: Erst ging sie um 60 Zentimeter pro Jahr zurück (1976 bis 1978), dann um zweieinhalb Meter pro Jahr (1978 bis 1989), und bei der jüngsten Messung waren es jährlich schon rund zehn Meter (1989 bis 2004).

- Auch in den Alpen droht die Gefahr von Flutwellen durch auslaufende Gletscherseen. Ein Gebiet liegt z.B. im Berner Oberland am Fuße des Triftgletschers. Zwischen 2000 und 2005 ist er um über 500 Meter geschrumpft – rund 7% seiner heutigen Länge von 7,1 Kilometern. Seit 1980 verliert der Gletscher pro Jahr rund neun Millionen Kubikmeter Eis. Das rasante Abschmelzen hat Folgen: Seit 1998 hat sich ein halbkreisförmiger See um die Gletscherzunge gebildet – ein typisches Symptom des Klimawandels, wie es bei vielen alpinen Gletschern anzutreffen ist. Mit dem Rückzug der Gletscherzunge am Triftgletscher wächst nicht nur der See; zugleich wird den Eismassen im unteren Gletscherteil in naher Zukunft die stützende Basis fehlen. Auf der Steilstufe wird sich ein hängender Gletscher bilden. Bis zu sechs Millionen Kubikmeter Eis werden dann wie ein Damoklesschwert über dem See hängen. Die Gefahr eines Eissturzes wächst. Gewaltige Mengen Eis könnten in den See stürzen und eine Flutwelle auslösen – mit verheerenden Folgen für die Talbewohner.

Vulkane und Erdbeben

Viele der bereits aufgeführten Erdumwälzungen und Katastrophen sind bereits sichtbar und nehmen eine immer rasantere und drastischere Entwicklung. Andere Katastrophen mit gravierenden Folgen können die Menschheit plötzlich treffen; dazu gehören z.B. Vulkanausbrüche und Erdbeben. In den bereits zitierten und weiteren Botschaften aus dem All hat uns die göttliche Welt immer wieder davor gewarnt. Erinnern wir uns an Worte von Christus durch Gabriele vom Februar 1984:

„Blickt auf die Erde! Was geschieht mit diesem leuchtenden Planeten? Das Herz der Erde, die Meere, sind verunreinigt durch atomare Kraft, durch weitere Verunreinigungen. Flüsse und Seen sind verschmutzt. Der Atommüll wird in die Erde und in die Meere gebracht. Was geschieht? Die Meere heizen sich mehr und mehr auf, die unterirdi-

schen Wasserquellen sind verunreinigt; erhöht Quecksilber und Blei strahlt aus der Erde, und die Meere kochen. Die Polkappen schmelzen; der Kreislauf der Erde ist verunreinigt, wird ebenfalls erhitzt. Dadurch erhöht sich die Vulkantätigkeit; Polsprünge zeigen sich an, wodurch sich die Meere aus den Betten heben und andere Becken suchen. Das Festland, das unter dem Wasser ist, steigt empor, und das derzeitige Festland wird weitgehend überflutet. Zugleich tosen die Vulkane, zugleich werden Erdbeben sein, und zugleich bekämpfen sich die Menschen."

Ähnliches erklärte auch Bruder Emanuel im August 1986 in einer bereits zitierten göttlichen Botschaft:

„Die Meere sind der Herd - die Herdplatte ist die Erde. Die Meere werden an- und aufgeheizt, die Herdplatte beginnt zu glühen. All diese negativen Schwingungen wirken auf Seelen und Menschen ein; Erdbeben, Vulkanausbrüche und dergleichen sind die sogenannten Naturkatastrophen."

Und bereits einen Monat später, im September 1986, sprach Christus durch Gabriele:

„Die Kräfte auf und in der Erde deuten darauf hin, daß von innen nach außen Großes geschieht; und

es wird geschehen! Durch das starke Abweichen der sogenannten Erdachse, der Rotation, heben sich die Meere; Erdbeben, Vulkanausbrüche und dergleichen lösen sich gegenseitig ab.“

Und einige Monate zuvor, im Juni des Jahres 1986 sprach Christus:

„Der Tod geht einher und wird viele hinwegraffen. Die Angst wird steigen; Bürgerkriege und Kriege werden entstehen. Vulkane werden ausbrechen, um die Erde zu reinigen. Die Lava wird viele Landstriche überfluten und zudecken was ungesetzmäßig, ja schädlich für Erde, Mensch und Atmosphäre ist.

Und die Kräfte der Unendlichkeit werden die Lava aufbereiten, so daß sie die Erde neu befruchtet. Da und dort werden die Meere andere Becken suchen, und so wird sich die Erde reinigen. Durch innere Bewegungen, durch Erdbeben, wird sie aufgerissen, und in den Spalten wird versinken, was nicht gesetzmäßig ist.“

Die göttliche Welt mahnte weiter und Bruder Emanuel sprach im Oktober 1989 durch Gabriele in einer bereits zitierten göttlichen Botschaft:

„Erkennt: Durch die Ursachen der Menschen ist die Erde zum Feuerofen geworden. Schichten der Atmosphäre lösen sich auf – die Welt ist wie ein Dampftopf, der auf der Erde steht; sie kocht. Was geschieht? Die Erdschollen bewegen sich immer rascher – sie wandern. Das löst weitere Katastrophen aus: Erdbeben, Vulkanausbrüche und vieles mehr.“

In einer mächtigen Schöpferbotschaft erhob im November 1997 Gott-Vater durch Gabriele Seine Stimme als Kläger für die Mutter Erde und sprach:

„Und die Menschen zu allen Zeiten hören weder auf den Ruf der gequälten Erde, geschweige auf das Wort Gottes durch Propheten und Prophetinnen, durch geistig erleuchtete Männer und Frauen, durch Kämpfer für das Reich des Inneren. Und so tut sich der Mund der Erde, der Mutter Erde, auf. Es sind die Vulkane. Und die Mutter Erde ruft: ‘Jetzt kann ich euch nicht mehr tragen! Friede, Friede, Friede’, ruft sie. Und die Lava strömt aus ihrem Mund und bedeckt große Teile der Erde.“

Es sind zahlreiche Botschaften aus dem All, in denen uns die göttliche Welt auf Vulkanausbrüche und Erdbeben hinweist. Eine leichte Zunahme geologischer Katastrophen, also von Erdbeben, Tsunamis und Vulkanausbrüchen, verzeichnete die „International Strategy for Disaster Reduction“ (ISDR) bereits. Doch auch wenn es von seiten der Wissenschaft keine genauen Auskünfte gibt, wann ein Vulkan ausbricht oder ein Erdbeben stattfindet, so finden sich doch einige erschreckende Indizien:

- Etwa 80% der Weltbevölkerung leben in Agglomerationen entlang der Kontinentalränder der Erde. Dort gibt es zwar die meisten Rohstoffe und den wirtschaftlich und militärisch wichtigen Zugang zum Meer. Kontinentalrand bedeutet häufig aber auch, daß die Großstädte in Erdbeben- und Vulkanismuszonen liegen, außerdem in der Nähe zum Meer, was immer Stürme und Hochwasser mit sich bringen kann.

- Dutzende von Großstädten liegen in Gebieten, die stark erdbebengefährdet sind. Diese Information wurde im Jahr 2006 bei Veröffentlichung der „World Stress Map“ bekanntgegeben. Besonders gefährdet ist die 30-Millionen-Stadt Tokio, die „Stadt, die auf ihren Tod wartet“, wie es Bill McGuire, Gefahrenforscher am Londoner University College, drastisch formulierte. Und noch viele andere Megastädte liegen in Erdbebenzonen. Die Gefahr wächst, denn die meisten Städte verdoppeln nach Angaben der Vereinten Nationen (UN) ihre Einwohnerzahl innerhalb von 15 Jahren. Im Jahr 2016 werde es in Erdbebenregionen 25 Städte mit mehr als zehn Millionen Einwohnern geben. Der Geologe Roger Bilham von der Universität Boulder, USA, prognostiziert deshalb pro Jahr schon bald eine Million Tote durch Erdbeben. Es werde in diesem Jahrhundert so schreckliche Erdbeben-Katastrophen geben wie nie zuvor.

- Einer Studie aus dem Jahre 2008 zufolge, an der unter anderem der Geologische Dienst der USA (USGS) und das südkalifornische Erdbebenzentrum mitgearbeitet haben, wird der US-Bundesstaat Kalifornien mit nahezu hundertprozentiger Sicherheit innerhalb der nächsten 30 Jahre von einem schweren Erdbeben heimgesucht werden. Die Wahrscheinlichkeit für einen schweren Erdstoß der Stärke 6,7 bis zum Jahr 2038 liegt bei 99,7%. Ein noch schwereres Beben der Stärke 7,5 oder mehr sei zu 46% wahrscheinlich, meinen die Wissenschaftler.

- Abschmelzende Eisschilde führen nicht nur zu einer schnellen Hebung und Aufwölbung der Erdoberfläche als Folge der Entlastung, sondern auch zu starken Veränderungen des Spannungsfeldes in der Erdkruste. Eine Studie des Geologisch-Paläontologischen Instituts der WWU Münster belegt, daß Klimaschwankungen die Seismizität der Erdkruste entscheidend beeinflussen können, und wirft die Frage auf, ob das derzeitige Abschmelzen von Inlandeis – zum Beispiel in Grönland – in Zukunft Erdbeben auslösen könnte.

- Weltweit gelten nach Angaben der Münchner Rück rund 550 Vulkane als aktiv. Jedes Jahr brechen 50 bis 65 von ihnen aus. Es gibt – mit Ausnahme der äußerst seltenen großen Meteoritenabstürze – keine anderen Naturereignisse, die so weite Gebiete mit vergleichbarer Intensität und Plötzlichkeit verwüsten können wie Vulkanausbrüche. Ihre direkten Wirkungen: Lava-, Schlamm- und pyroklastische Ströme, Glutwolken, Ascheeruptionen, Ascheablagerungen. Die indirekten Folgen: Klimaveränderung. Die Schäden: Neben den direkten, Beeinträchtigung des Luft- und Schiffverkehrs sowie Ernteausfälle.

- Wissenschaftler der Universitäten von Island und Leeds kommen zu dem Ergebnis, daß schmelzendes Eis auch die Vulkanaktivität steigern könnte. Besonders dramatisch ist die Situation auf der europäischen Insel Island. Der dortige Gletscher Vatnajökull schmilzt jährlich um fünf Kubikkilometer. Die schmelzende Eisschicht nimmt den Druck, der auf dem Gestein und den darunter liegenden Schichten lagert, rapide weg. Das sorge dafür, daß mindestens 1,4 Kubikkilometer Gestein seit 1890 geschmolzen sind. Die Forscher haben errechnet, daß das zusätzliche Magma, das durch das Abschmelzen der Eisschicht entsteht, solche Eruptionen häufiger werden lassen könnten.
  Daß das schmelzende Eis Auswirkungen auf den Vulkanismus hat, meint auch der Forscher Bill McGuire vom University College London, denn wenn sich die Menge des Eises verringert, nimmt auch die geologische Spannung in der Kruste ab, und das führt leichter zu Eruptionen. Nach Ansicht des britischen Forschers, der mit seinem Team unter anderem auch die Wirkung des steigenden Meeresspiegels auf den Vulkanismus untersucht, werde die Klimaerwärmung zu vermehrten vulkanischen Aktivitäten führen.

- In der Nähe von Vulkanen leben weltweit rund 500 Millionen Menschen. Vulkanausbrüche bedrohen besonders die Metropolen: Mexico City, Manila, Jakarta, Neapel, Seattle. Ebenfalls gefährdet sind Hawaii, Teneriffa und Kreta. Ein hohes Risiko besteht auch in Japan. Neben Tokio sind Millionenstädte wie Nagoya, Kioto und Yokohama bedroht. Besonders betroffen wäre die nähere Umgebung des Fujiyama – hier machen jährlich 20 Millionen Menschen Urlaub.

- Die Geological Society of London hat im Auftrag der britischen Regierung 2005 ein Gutachten erstellt – mit Besorgnis erregendem Ergebnis.
  Allein in Europa warten zwei gigantische Vulkane auf den nächsten Ausbruch. In Europa meinen die britischen Geologen, zwei Supervulkane identifiziert zu haben: Unter den Phlegräischen Feldern bei Neapel und im östlichen Mittelmeer nahe der Insel Kos.
  Auch unter Neuseeland, Kamtschatka, den Philippinen, den Anden, Mittelamerika, Indonesien und Japan vermuten Experten die Naturgefahr. Supervulkane verfügen über ein riesiges Magma-Reservoir mit einer Ausdehnung von Tausenden

Quadratkilometern, die sich typischerweise in fünf bis zwanzig Kilometer Tiefe erstrecken.

- Auch die Vulkane der Eifel sind längst nicht verlöscht – sie ruhen nur. Jedes Jahr hebt sich die Eifel um einen Millimeter. Die Experten sind sich einig, daß es in der Eifel wieder zu Eruptionen kommen wird. Vermutlich stehe die Eifel am Beginn einer neuen Aktivitätsphase, meint der Vulkanologe Hans-Ulrich Schmincke vom Leibniz-Insitut für Meereswissenschaften in Kiel, der die Eifelvulkane jahrelang erforscht hat. Weltweit folgen Vulkane analogen Zyklen. Verliefe es in der Eifel ähnlich, so seien „in der allernächsten geologischen Zukunft" zahlreiche Eruptionen zu erwarten, schrieb der Geophysiker Gerhard Jentzsch von der Universität Jena 2001 in einem Gutachten für die Bundesregierung.

- Ein besonders katastrophaler Vulkanausbruch könnte sich im Yellowstone-Nationalpark ereignen, dessen Magmakammer sich über ein Gebiet von der doppelten Größe Luxemburgs ausdehnt. Das Magma dringt langsam nach oben und schmilzt die Erdkruste auf; ein Ausbruch erscheint möglich.

Etwa alle 700.000 Jahre kommt es dort zur Katastrophe; die letzte große Eruption liegt 640.000 Jahre zurück. Satellitenbeobachtungen zeigen, daß sich der Park wie eine Blase aufwölbt – etliche Millimeter im Jahr. Der Druck der unterirdischen Magmakammer mache sich immer deutlicher bemerkbar, sagt der Geologe Robert Smith von der Universität von Utah in Salt Lake City.
Im November 2007 haben Wissenschaftler der Universität des US-Bundesstaates Utah im Fachmagazin „Science" rekordverdächtige Veränderungen veröffentlicht: Innerhalb von 30 Monaten stieg die Kraterоberfläche um insgesamt 18 Zentimeter – mehr als jemals zuvor seit Beginn der Messungen 1923.

Ein Ausbruch des Vulkans würde den Westen der USA wohl total verwüsten. Im Umland des Vulkans vernichteten 800 Grad heiße Glutlawinen aus Lava, Asche und Steinen alles Leben auf einer Fläche von der Größe Thüringens. Noch im 1000 Kilometer entfernten Los Angeles ginge ein Regen nieder, der die Region 30 Zentimeter dick mit Asche bedeckte. Landwirtschaft wäre vielerorts unmöglich, prognostizieren die Wissenschaftler um Steve Sparks und

Stephen Self von der britischen Geologischen Gesellschaft. Bereits eine Ascheschicht von einem Zentimeter vernichtet den Ernteertrag eines Feldes. Auch das Klima würde gravierend verändert. Milliarden Tonnen des Gases Schwefeldioxid gelangten in die Luft und verbänden sich mit Wasser zu Schwefelsäure. Wolken aus Säuretröpfchen legten sich wie ein Sonnenschirm um den Globus. Die Temperaturen fielen für Jahre um durchschnittlich vier Grad. Auf der Nordhalbkugel sei gar eine Abkühlung von bis zu zehn Grad möglich, heißt es in einem Gutachten, das sich auf Computersimulationen des renommierten Hadley Centers beruft. Wann wird dieses Horrorszenario Wirklichkeit? Aus der Häufigkeit der Eruptionen in der Vergangenheit leiten die britischen Forscher das Risiko ab: Demnach beträgt die Wahrscheinlichkeit für den Ausbruch eines Supervulkans in diesem Jahrhundert 1 zu 6.

Wie sich die Apokalypse eines Vulkanausbruchs ankündigt, wissen die Wissenschaftler nicht. Meist gehen Erdbeben den Vulkaneruptionen voraus; ausströmende Gase verändern sich; die Temperaturen des Erdbodens steigen, und der Boden wölbt sich. Die Supervulkane

Phlegräische Felder und Yellowstone werden bereits auf diese Anzeichen hin überwacht. Ob es etwas nützt, bleibt fraglich. Denn die schlafenden Riesen erwachen womöglich auch ohne Vorankündigung und explodieren mit einem plötzlichen Knall.

Der Polsprung

Gerade dieses Thema war es, das den Urchristen vor wenigen Jahren von seiten der kirchlichen „Abteilung für Desinformation und Verleumdung" und der dieser Abteilung hörigen Medien noch den Ruf der Endzeitapostel oder der Endzeitfanatiker einhandelte. Heute berichten viele Medien über einen bevorstehenden Polsprung. Z.B. wurde in einer bekannten Zeitschrift über Wissenschaft und Technik, die für jedermann erhältlich ist, die Frage *„Wann verschieben sich die Pole?"* wie folgt beantwortet: *„Sie tun es bereits, und zwar mit verhältnismäßig rasender Geschwindigkeit."* Der Artikel schließt mit der Aussage: *„Der letzte Polsprung passierte vor 750.000 Jahren; der nächste wäre damit also längst überfällig."* Auch im Fernsehen wird dieses Thema nun aufgegriffen. Im ZDF verlautete im Rahmen der abendlichen Nachrichtensendung folgendes: „*Die magnetischen Pole unserer Erde – Nord und Süd – sind auf dem besten Weg, ihre Positionen zu tauschen und damit endlich buchstäblich die Welt auf den Kopf zu stellen.*“

Als die göttliche Welt bereits Anfang der achtziger Jahre des vorigen Jahrhunderts über dieses Thema sprach, machten sich Wissenschaftler noch kaum Gedanken darüber. Wieder einmal ein Beispiel dafür, daß Gott rechtzeitig warnt, noch bevor Wissenschaftler davon wissen. Hier werden wir chronologisch einige Auszüge aus göttlichen Botschaften aus dem All zum Polsprung wiedergeben und im Anschluß die – bis heute – wissenschaftlich bewiesenen Fakten dazu:

Bruder Emanuel, der Cherub der göttlichen Weisheit, sagte der Menschheit im Jahre 1980:

> „... *Ich sage euch, die Pole werden sich kolossal verändern, und auf dieser Erde wird ein unendliches Leid einbrechen ...*“

1984 sprach Christus zu uns Menschen:

> „... *Polsprünge zeigen sich an, wodurch sich die Meere aus den Betten heben und andere Becken suchen ...*“

1992 wies Christus auf folgendes hin:

„Die Erde bäumt sich auf aufgrund der vielen Ursachen, die nun mehr und mehr zur Wirkung kommen. Doch die Großen dieser Welt erfassen dies noch lange nicht. Sie steuern die Völker auf das größte Unheil zu, nämlich auf einen Polsprung, der noch nie dagewesen ist.

O sehet: Noch halte Ich, Christus, das Erdmagnetfeld in Meinen Händen, den mächtigen Dynamo für diese Erde, der hinausstrahlt in das All zu den Gestirnen und die Verbindung zum All herstellt. Noch halte ich also diesen Dynamo in Meinen Händen – doch die Ursachen drängen mehr und mehr zur Wirkung. Das bedeutet, daß das Erdmagnetfeld aus Meinen Händen gleiten muß durch das Gesetz von Ursache und Ernte, weil die Menschen mit ihrem Machthunger und Machtstreben es so wollen.

Das bedeutet, daß in einem Augenblick alles vorbei ist. Dann wird der Mensch das erleben, was auch in den Gestirnen steht. Was er in das Weltall gesandt hat, das kommt auf die Erde hernieder. All der Unrat der Technik fällt auf die Erde und somit auf die Menschen hernieder, ähnlich, als wenn die Sterne vom Himmel fallen würden.

Wahrlich, Ich sage euch: Dann werden die Wasser kommen und den Unrat überdecken, und die große Umwandlung wird sich mehr und mehr vollziehen, vom Negativen zum Positiven.“

In dieser Botschaft sprach Christus weiter über die Folgen dieses Ereignisses:

„*Wenn der Dynamo dieser Erde zusammenbricht, dann wird auf der Erde noch größeres Leid sein; denn an den Dynamo sind Menschen, Tiere, Pflanzen und Steine angeschlossen. ... In dieser Zeit werden die Lebenden die Toten beneiden, und sie werden rufen: ‘Tod, du süßer, wo bist du?’ Denn es wird kaum mehr Kräfte geben, die dem Menschen helfen, den physischen Leib zu heilen, den physischen Leib aufzurichten.“*

Und zwei Monate später offenbarte Christus durch Gabriele:

„*Das Licht Gottes in Mir, dem Christus, ruft euch zur Umkehr. Ihr könnt dieses Weltenproblem nicht mehr lösen, und schon gar nichts ist gelöst. Scheinbare Lösungen gibt es viele, doch nur scheinbare – doch gelöst ist nichts. Gelöst wird es durch die weltweite Katastrophe. Dieses Sündenpotential, das die Erde zu tragen hat, wird die Sintflut zudecken, denn ein mächtiger Polsprung wird alles überdecken, was menschlich ist, und die Gestirne, die sich neu formieren, werden die Erde reinigen und anheben, so daß auf der Erde das erstehen kann, was jetzt schon begonnen hat: das Friedensreich Jesu Christi, Mein Reich, in welchem Ich der Herrscher Bin."*

Weiter sprach Christus in dieser Seiner Botschaft aus dem All:

„Ich sprach von einem mächtigen Polsprung. Diesem gehen kleinere voraus. Wer in das Weltgeschehen blickt und auf die Erde, der erkennt, was sich anbahnt, und spürt die Erschütterungen, die darauf hindeuten."

Relativ lange hat es gedauert, bis die Wissenschaft ihre Aufmerksamkeit dem Erdplaneten, seinem Magnetfeld und Veränderungen in diesem zuwandte. Heute jedoch häufen sich die wissenschaftlichen Hinweise darauf, daß eine Umpolung des Erdmagnetfeldes bevorsteht.

- Nach dem derzeitigen geophysikalischen Erkenntnisstand gibt es zwei Hauptquellen für das Erdmagnetfeld. 98% der meßbaren magnetischen Feldstärke liefert das sogenannte Innenfeld, dessen Quelle im Erdinneren liegt. 2% kommen aus dem Außenfeld, das auf elektrischen Strömen in der Jonosphäre und Magnetosphäre beruht. Bekanntlich induziert ein elektrisches Feld ein Magnetfeld und umgekehrt.

Im Wesentlichen besteht die Erde aus vier Schichten: Der Erdkruste, auf der wir leben, dem Erdmantel sowie dem äußeren und inneren Erdkern. Der äußere Erdkern besteht hauptsächlich aus flüssigem Eisen und befindet sich in einer Tiefe von ca. 2900 bis 5150 km im Erdinneren. Darunter folgt der innere Erdkern bis zum Erdmittelpunkt in 6370 km Tiefe. Er besteht größtenteils ebenfalls aus Eisen, das aber wegen des enormen Drucks fest ist. Der innere Erdkern ist rund 1000 Grad wärmer als der äußere und wirkt sozusagen wie eine Herdplatte auf das flüssige Eisen im äußeren Kern. Im flüssigen Eisen entstehen Wirbel und Turbulenzen, die zusammen mit der Erddrehung mechanische Energie erzeugen, die sich dann in elektrische Energie umwandelt und dadurch ein Magnetfeld induziert. Dieses Geodynamoprinzip konnte inzwischen auch experimentell nachgewiesen werden.

Seit ca. 150 Jahren beobachtet man eine fortschreitende Abnahme des Magnetfeldes. Nach aktuellen Daten nimmt die magnetische Feldstärke derzeit ca. 6,6% pro Jahrhundert ab. Seit 1979 ist durchschnittlich eine Abnahme von 1,7% festzustellen. Allerdings gibt es Erdregionen, in denen das Erdmagnetfeld überdurchschnittlich schnell abnimmt. Über dem Südatlantik zwischen Kapstadt und Buenos Aires ist der Rückgang 100mal schneller als normal. Aus den Daten des dänischen Satelliten Oersted ergibt sich, daß sich das Magnetfeld im Südatlantik und am Nordpol bereits umgekehrt hat. Diese Regionen wirken daher wie eine Art Antidynamo. Das Magnetfeld dieser Antidynamos existiert gleichzeitig neben dem normalen Magnetfeld. Da ein sehr rasches Anwachsen dieses Antidynamos beobachtet wird, könnte dies innerhalb kurzer Zeit zu einer Umpolung des Erdmagnetfeldes führen. Dazu müßte nur das Gleichgewicht zwischen Antidynamo und Dynamo vertauscht werden. Computersimulationen zeigen, daß solche Antidynamos eine wichtige Rolle bei der kompletten Umpolung spielen.

Die Südatlantik-Anomalie führt dazu, daß dort verstärkt hochenergetische kosmische Strahlung auftritt. Die Raumstation ISS 90 empfängt 90% der gefährlichen Strahlung in der Südatlantikregion, obwohl sie sich dort nur 10 Minuten pro Tag aufhält. Weil es über der Südatlantikregion wiederholt zu Elektronikausfällen und zu anderen Schäden kam, sind die Satelliten jetzt so programmiert, daß sie die Region meiden.

Was weiterhin beobachtet werden kann, ist eine zunehmend rasante Wanderung des magnetischen Nordpols. Derzeit liegt der magnetische Nordpol zwischen Nordostkanada und Grönland und hat jetzt eine Wandergeschwindigkeit von ca. 40 km pro Jahr. Man schätzt, daß er bis 2050 Sibirien erreicht.
Eine Umpolung des Erdmagnetfeldes hat sich schon mehrfach in der Erdgeschichte ereignet. Dies läßt sich gut an der magnetischen Ausrichtung der Lavagesteine beidseits des mittelozeanischen Rückens nachweisen. In diesem Bereich des Meeresbodens tritt kontinuierlich ein Austreten von Magma auf, das beim Erkalten sozusagen die Polung des aktuellen Feldes einfriert.

Durchschnittlich kam es alle 200.000 Jahre zu einer Umpolung des Magnetfeldes.

Das letzte Ereignis liegt etwa 750.000 Jahre zurück, so daß eine Polumkehr längst überfällig ist.

Es gibt nur spärliche wissenschaftliche Hinweise darüber, welche Folgen ein Polsprung haben wird. Man geht bislang davon aus, daß viele Jahrhunderte lang ein sehr schwaches, chaotisches Magnetfeld mit mehreren Polen existieren wird. Magnetfeldanomalien werden sicherlich die Tiergattungen beeinflussen, die sich am Erdmagnetismus orientieren. So ist z.B. bekannt, daß Wale gehäuft an jenen Küstenabschnitten stranden, an denen magnetische Täler vorhanden sind.

Aufgrund der vorhandenen Daten über den Einfluß des Erdmagnetfeldes auf den Menschen wird es wahrscheinlich zu Störungen der Herzfunktion und zu einem vermehrten Auftreten psychiatrischer Erkrankungen kommen. Das Magnetfeld der Erde bildet bekanntlich einen Schutzschild gegen die hochenergetische Strahlung aus dem All. Eruptionen der Sonne und die dadurch auftretenden Magnetstürme können die Elektrizitätsversorgung in manchen Regionen der Erde empfindlich stören (zuletzt in der kanadischen Provinz Quebeck 1989). Verschiedene Wissenschaftler gehen davon aus, daß ausgerechnet der Sonnenwind eine Schutzhülle um die Erde bilden wird, wenn das Magnetfeld zusammenbricht. Insgesamt ist aus den wissenschaftlichen Publikationen keine große Besorgnis von seiten der Geophysiker und Astronomen ersichtlich.

Wir überlassen es jedem selbst, ob er sich auf die Aussagen von Geophysikern und Astronomen verlassen möchte, oder ob er – nach all dem, was in diesem Buch bereits aufgezeigt wurde – lieber doch die Warnungen Gottes ernst nimmt.
Über die Bedeutungen des Erdmagnetfeldes für Mensch, Tier und Natur sprach Christus bereits in der zu Beginn zitierten Christus-Botschaft über Ursache und Wirkung im Jahre 1980. Er verglich darin die Erde mit dem Menschen und bezeichnete, wie schon gesagt, den Planeten als den „Erd-Menschen". Damals sagte Er:

„Nun spreche Ich unter anderem vom Kleid des großen Erd-Menschen. Das Kleid besteht aus dem Mineral-, Natur- und Tierreich. Die Magnetfelder des Erd-Menschen sind die Nervenzentren, die Erdmagnetströme sind die Nervenbahnen."

Dieses Bild, in dem die Magnetfelder als die Nervenzentren der Erde bezeichnet werden, ist sehr anschaulich. Beim Menschen und natürlich auch bei Tieren sind die Nerven für die Reizweiterleitung zuständig. Denken wir an all das, was der Mensch dem Planeten Erde zufügt, so kann man sich vorstellen, welchem „Streß" der „Erd-Mensch" ständig ausgesetzt ist.

Welche Wechselwirkung zwischen dem Menschen und dem Erdmagnetfeld besteht, erklärte uns Christus ausführlich in einer Botschaft aus dem All aus dem Jahre 1986, die wir in dem Buch *„Ursache und Entstehung aller Krankheiten"* nachlesen können. Dort heißt es (S. 81):

> *„Der Mensch ist ein Energiebündel, das, entsprechend seinem Denken und Handeln, seine eigenen Energiefelder, das heißt Magnetfelder, schafft. Jeder Mensch hat somit seine Energie- und Magnetfelder entsprechend seiner Denk- und Handlungsweise.*
> *Zwischen seinen Magnetfeldern und den Magnetfeldern der Erde besteht eine beständige Wechselwirkung: Die Reaktionen der Erde übertragen sich durch die Wechselwirkung von Mensch und Erde auf den Menschen, ebenso, wie die Handlungsweise der Menschen sich auf die Schwingung der Erde überträgt. Was der Mensch seiner Erde, seinem*

Wohnplaneten, zufügt, das fügt er sich – aufgrund dieser Wechselbeziehung Mensch und Erde – selbst zu."

Hier finden wir also wieder das Gesetz von Ursache und Wirkung. Was der Mensch der Erde zufügt, das fügt er sich letztendlich selbst zu. Wir lesen weiter (S. 82):

„Die Erdmagnetfelder registrieren alle Handlungen der Erdbewohner, der Menschen, und die Magnetströme – welche die Tonträger des großen 'Erdmenschen', der Erde, sind – bringen alle Resonanzen, gleich, welchen Niederschlag sie haben, positiv oder negativ, wieder dem zurück, der sie ausgesandt hat: dem Menschen...

Die Erdmagnetfelder registrieren jede Dissonanz, insbesondere die Gewalttätigkeiten der Menschen, durch die erhebliche Störungen im Luftraum sowie in und auf der Erde hervorgerufen werden, z.B. durch atomare Versuche und dergleichen. Sämtliche Dissonanzen werden von den Magnetströmen, den Tonträgern der Erdmagnetfelder, weitergeleitet – die im übertragenen Sinne auch die Nerven der Erde genannt werden können.

Die Erdmagnetfelder sind verschiedenartige Schwingungsbereiche, die als Einheit jeweils Erdmagnetfeld genannt werden. Sie sind die 'Nervenpunkte' der Erde – und zugleich die Spiegel des Wohnplaneten. Werden diese Spiegel der Erde durch das Fehlverhalten des Menschen verändert und getrübt, dann wirkt sich dies auf der gesamten Erde aus: im Klima, in den Naturreichen und am Menschen. Die Magnetströme verändern sogar die Verhaltensweisen der Tiere."

In dem Buch „*Ursache und Entstehung aller Krankheiten*" aus dem Jahre 1986 finden sich noch viele weitere Zusammenhänge, die dem derzeitigen Stand der Wissenschaft um Längen voraus sind.

Der Mord an den Tieren ist der Tod der Menschen

In einer göttlichen Botschaft aus dem Jahre 1980 erklärte uns Christus nicht nur den Zusammenhang zwischen den Erdmagnetfeldern und dem Menschen, sondern Er erläuterte auch:

„Durch sämtliche Lebensformen, durch die Organe des Erd-Menschen, durch das Kleid, strömt das ewige Leben Gottes. Wenn der Mensch nun wider diesen Erd-Menschen handelt, so handelt er auch zugleich wider sein eigenes Leben. Wenn der Mensch wissen würde, sobald er ein Tier schändet, beschädigt er seinen eigenen Körper, indem er seine Seele verschattet und die innere Kraft, die Geistkraft, reduziert! Der unwissende Mensch tritt und handelt bedenkenlos auf diesen großen Erd-Menschen! Er zerstört bewußt und unbewußt das Natur- und Tierreich!

O sehet! Es wird Schlachtvieh gezüchtet. Die vorausgegangenen Gedanken bestehen schon auf dem gegensätzlichen Wort 'Tod' – Töten für Fleischnahrung! Wiederum handelt der Mensch am großen Gesetz Gottes. Er widersetzt sich dem Gebot 'Du sollst nicht töten!' Das gilt auch für den großen

Erd-Menschen, für diese Erde. Alles, was mutwillig geschieht, dringt in eure Seele ein und belastet sie. So zerstört der Mensch ununterbrochen diese Erde. Er schädigt den großen Erd-Menschen und denkt nicht näher darüber nach, daß sich dieser große Erd-Mmensch einst wehrt ...“

Wir Menschen zerstören die Erde auch durch die Massentierhaltung. Diese Zusammenhänge haben mittlerweile Wissenschaftler erforscht, und es wird immer deutlicher, welche ökologischen Folgen das mutwillige Töten der Tiere zum Verzehr für die Erde und schlußendlich wieder für uns Menschen hat. Den meisten Menschen ist nicht bewußt, daß jährlich eine Massentötung von 45 Milliarden Tieren für den menschlichen Verzehr stattfindet.

- Insgesamt leben auf der Erde doppelt so viele Schlachttiere wie Menschen! Zur Mästung dieser Tiere werden 49% der weltweiten Getreideernte und 90% der Sojabohnenwelternte verwendet. Die Viehzucht beansprucht global 70% des gesamten landwirtschaftlich genutzten Landes und 30% der Landoberfläche auf diesem Planeten. Hier liegt eine Hauptursache für den Hunger in der Welt.

- Die Viehzucht benötigt 8% des globalen Wasserverbrauchs, hauptsächlich für die Produktion der Futtermittel. Für die Herstellung von einem Kilo Rindersteak werden 15.000 Liter Wasser benötigt, für den Anbau von einem Kilo Weizen dagegen nur 1.500 Liter, wohingegen ein Mensch pro Tag zwei bis fünf Liter Trinkwasser benötigt. 700 Wissenschaftler erstellten eine Studie zum Thema Süßwasserversorgung (Comprehensive Assessment of Water Management in Agriculture) und nannten als effektivste Methode, um Wasser zu sparen, den Verzicht auf Fleisch.

- Die Viehzucht ist wahrscheinlich der größte Verursacher der Wasserverschmutzung und trägt zur Überdüngung der küstennahen Gewässer, zur Entstehung von sogenannten Todeszonen und zur Zerstörung von Korallenriffen bei. Die Viehzucht trägt zu einem Drittel zu der Belastung des Frischwassers mit Stickstoff und Phosphat bei. 50% der Wasserverschmutzung in Europa werden durch die Massentierhaltung hervorgerufen. In den USA ist der Anteil der Landwirtschaft an der Wasserverschmutzung größer als der aller Städte und Industrien zusammen.

- Bei der Produktion von 1 kg Schweinefleisch entstehen etwa 15 kg Gülle – in Deutschland 66 Millionen Tonnen jährlich. In den USA ist die Umweltbelastung durch die Fäkalien aus den Tierfabriken 130 mal so hoch wie die Verunreinigungen durch die Menschen.

- Die Expansion der Viehzucht ist ein Schlüsselfaktor für die Abholzung der Regenwälder; 70% der abgeholzten Waldgebiete im Amazonasbecken werden als Weideflächen genutzt; der Anbau von Futtermitteln beansprucht einen großen Teil des Restes. Insgesamt 90% der Zerstörung des tropischen Regenwaldes werden durch die Massentierhaltung hervorgerufen.

- Die Viehzucht hat insgesamt einen Anteil von 18% CO_2-Äquivalenten am Treibhauseffekt. Bis zu 250 Liter Methan pro Tag scheidet jedes Rind aus. Das führt zu weltweit täglich 300 Milliarden Liter Klimagas. Milliarden Schafe und Ziegen erhöhen die globale Methan-Emission weiter auf etwa 150 Billionen Liter pro Jahr. Alles in allem belastet die Rinderzucht nach Berechnungen der Welternährungsbehörde FAO das Klima ähnlich stark wie alle Menschen

Indiens, Deutschlands und Japans zusammen. Werden die Schafe, Ziegen und Schweine, das Geflügel und die Erzeugung der Futtermittel mit eingerechnet, ergibt sich ein Wert, der fast dem Anteil der USA an der globalen Klimabelastung entspricht. Gemäß einer Studie der UNO-Welternährungsorganisation FAO ist weltweit die Viehzucht schädlicher fürs Klima als der gesamte Verkehr.

- Der Klimawandel könnte nach Ansicht des Marburger Forschers Ralf Conrad, geschäftsführender Direktor des Max-Planck-Instituts für terrestrische Mikrobiologie, gebremst werden, wenn die Menschheit sich anders ernähren würde. „Kurz gesagt könnte die Parole lauten: Keine Rinder mehr essen, auf Milchprodukte verzichten".
  Das von Bakterien in Mägen von Wiederkäuern produzierte Methan ist eines der stärksten Treibhausgase. An der „Methanschraube" in der Atmosphäre zu drehen, könne schneller einen positiven Effekt bringen, als rasch den Kohlendioxidausstoß reduzieren zu wollen, sagte Conrad. „Der Methan-Kreislauf in der Atmosphäre ist innerhalb von etwa acht Jahren beeinflußbar; bei Kohlendioxid dauert das Jahrzehnte."

- Die Meere könnten bis 1048 vollständig leer gefischt sein. Angesichts zunehmender Umweltverschmutzung und der Überfischung der Meere befürchten Wissenschaftler einen Zusammenbruch des Lebens in Flüssen, Seen und Meeren bis zum Jahr 2048. Sollte der derzeitige Trend anhalten, wären bis etwa zur Mitte des Jahrhunderts nahezu alle Fischarten und Meeresfrüchte ausgestorben. Damit wäre das Gleichgewicht des gesamten Ökosystems bedroht, wie Boris Worm von der Dalhousie-Universität in Halifax in der kanadischen Provinz Novia Scotia sagt.

Dies sind nur einige Fakten über die ökologischen Katastrophen, die durch den Fleischverzehr verursacht werden. Doch der Mord an den Tieren führt nicht nur indirekt zum Tod vieler Menschen, sondern die Tötung der Tiere und der Verzehr des Fleisches haben weitere Folgen.
Obwohl der Mensch kein Leben schaffen kann, nimmt er sich das Recht heraus, anderen Lebensformen das Leben zu nehmen. Doch: „Was ist das Leben?“ – Diese Frage beantwortete Christus in einer Botschaft aus dem All, ebenfalls aus dem Jahre 1980. Er sprach damals durch Gabriele:

„Tagtäglich verstößt der Mensch wider das Leben. Was ist das Leben? Es pulsiert nicht nur im Menschen, sondern in sämtlichen Lebensformen. O sehet, das Gesetz von Ursache und Wirkung vollzieht sich in euren Seelen. Auch wer wider das Leben der Natur, des Tier- und Mineralreichs handelt, belastet ebenfalls seine Seele...“

Und weiter legte Christus aus:

„Auch das mutwillige Töten von Tieren und übermäßige Fleischnahrung schafft Ursächlichkeiten, die auf eure Seelen zurückfallen.

Die Menschheit trägt Pelze und Leder! Wißt ihr denn nicht, daß alles Schwingung ist, daß auch die Angst eines Tieres Schwingung ist? Ihr eßt Fleisch und tötet hierzu das Tier. Ihr geht auf die Jagd und tötet um euer selbst willen. Habt ihr euch schon mal Gedanken darüber gemacht, wie sie leiden, welche Angstgefühle die Tiere in ihrem Innersten tragen? Ich sage euch, all diese Empfindungen der Tiere dringen nicht nur in die Organe, in die Haut, in den Pelz ein – auch in das Fleisch. Dieses Fleisch nimmt der Mensch genußreich zu sich. In dieser zubereiteten Nahrung schwingt die Angst des Tieres; es ist eine niedere Schwingung. Wie können Mensch und Seele in eine hohe Schwingung kom-

men, wenn der Mensch um seinetwillen tötet? Sowohl am Leder als auch an euren Pelzen hängt die Schwingung der Angst. Diese Angst überträgt sich und bleibt bestehen, auch wenn das Leder noch so oft gegerbt wurde."

Immer wieder sprach die göttliche Welt davon, daß alles, was der Mensch den Tieren zufügt, wieder auf ihn zurückfällt. Seit 1989 sind in dem göttlichen Offenbarungswerk „Das ist Mein Wort" für alle Menschen folgende deutliche Worte zu lesen:

> *„Erkennet weiter: Das Leid der Tiere und das Fleisch der mutwillig getöteten Tiere, das verzehrt wurde, zehren wiederum am Fleische des Menschen. Die Folgen sind Krankheiten und Seuchen. Es sind die Wirkungen auf diese und ähnliche Ursachen."*

Die Vielzahl der Krankheiten, die durch das Fleischessen begünstigt werden, seien hier nur kurz erwähnt, denn sie können in dem Buch „Vegetarich essen – Fleisch vergessen. Ärztlicher Ratgeber für Vegetarier und Veganer" ausführlich nachgelesen werden.

- Der Konsum von Fleisch, Wurst und Fisch ist ein Risikofaktor für zahlreiche Erkrankungen wie Diabetes und Gicht. Fleisch verursacht Übergewicht, und daraus resultieren Herz-Kreislauferkrankungen, Schlaganfall, Durchblutungsstörungen u.a.m. Fleisch schädigt die Knochen und stellt somit ein erhöhtes Risiko für Osteoporose und Knochenbrüche dar. Fleisch ist ein Risikofaktor für Krebs. Fleisch fördert Entzündungen und Schmerzen. Fleisch begünstigt Herzinfarkt und Arteriosklerose.

- Im Fleisch befinden sich besonders viele Umweltgifte; z.B. werden 90% aller Dioxine und Furane über tierische Nahrungsmittel aufgenommen.

- Kurz zusammengefaßt kann man sagen: Vegetarier leben nicht nur gesünder, sondern auch länger! Dies ergab eine Studie des Deutschen Krebsforschungszentrums.

Hört man diese Aufzählung, dann wird deutlich, was Christus gemeint hat, als Er sagte:

„*Das Leid der Tiere und das Fleisch der mutwillig getöteten Tiere, das verzehrt wurde, zehren wiederum am Fleische des Menschen. Die Folgen sind Krankheiten und Seuchen.*“

- Die Menschen müssen sich auf weitere neue Infektionskrankheiten einstellen: Besonders in Zentralamerika, im tropischen Afrika und Südasien könnten in Zukunft neue tödliche Plagen wie HIV, SARS oder Ebola entstehen, die die lokale Bevölkerung und im Zuge der Globalisierung alle Menschen betreffen könnten, stellte ein internationales Forscherteam um Kate Jones von der Zoologischen Gesellschaft in London fest. Die Forscher betrachteten 335 Infektionskrankheiten, die seit 1940 auf die Weltbühne getreten sind. In 60% der Fälle handelt es sich um sogenannte Zoonosen, das sind Infektionen, die von Tieren auf den Menschen übergesprungen sind. Über die Jahrzehnte seit 1940 hinweg bis heute gibt es einen ansteigenden Trend neuer Infektionskrankheiten. Nach Erkenntnissen der Forscher liegt die größte Gefahr für überspringende Krankheiten dort, wo Wildtiere immer weiter zurück- und zusammengedrängt leben und sich der Mensch gleichsam immer weiter ausbreitet.

- Eine Erkrankung, die durch den Fleischverzehr auf den Menschen übertragen wird, ist die BSE-Erkrankung bei Rindern. Die Prionen, die sich nachweislich auch im bis vor kurzem als unbedenklich eingestuften Muskelfleisch und in der Milch befinden, können beim Menschen zur Creutzfeld-Jakob-Erkrankung führen. Diese Erkrankung gehört wie der Morbus Alzheimer zu den neurodegenerativen Erkrankungen, die von ihrem klinischen Bild her nicht immer eindeutig voneinander zu unterscheiden sind. Die Zahl der an Morbus Alzheimer Verstorbenen hat in den USA von 1979 bis zum Jahr 2000 um das 50fache zugenommen. Wie viele tatsächlich Alzheimer hatten und wie viele in Wahrheit an CJD gestorben sind, kann nun aber niemand genau sagen.

- Die BSE-Krankheit der Rinder ist verwandt mit der Traberkrankheit der Schafe. Französische Forscher haben die Erreger der BSEverwandten Traberkrankheit nun im Muskelfleisch von Schafen nachgewiesen, lange bevor die Tiere Symptome des Leidens zeigten. Erstmals sind damit Prionen im Muskelfleisch einer Tierart nachgewiesen worden, die von Menschen gegessen wird ...

Der Mensch ahnt wahrscheinlich noch gar nicht, wie viele Krankheiten er sich tatsächlich durch den Verzehr von Fleisch einhandelt, da sich die meisten Menschen lieber an den derzeitigen Stand der Wissenschaft – der meist recht schnell wieder überholt ist – klammern, als auf das Gotteswort durch Prophetenmund zu hören.

- Eine andere Seuche aus dem Tierreich ist die Vogelgrippe. Niederländische Forscher wollen nun versuchen, den asiatischen Vogelgrippe-Erreger und einen menschlichen Influenza-Erreger zu einem neuen Virus zu verschmelzen, um zu klären, wie gefährlich so eine Vermählung der beiden Grippeviren sein könnte. Die WHO warnt schon seit langem vor einer Pandemie, die daraus resultieren könnte. In diesem Zusammenhang wird immer wieder auf die Spanische Grippe hingewiesen, die zwischen 1918 und 1920 weltweit zwischen 20 und 40 Mio. Menschen getötet hat. Die US-Behörden bereiten sich jedenfalls schon auf eine solche globale Seuche vor.

1980 warnte Christus bereits davor, Tiere zum Verzehr zu töten. 1981 beschrieben amerikanische Wissenschaftler zum ersten Mal die klinischen Symptome von Aids.

- Weltweit sind bisher etwa 25 Millionen Menschen an dieser Immunschwächekrankheit gestorben. Forscher gehen heute davon aus, daß sich der Aidserreger HIV in Affen aus verschiedenen Formen von SIV entwickelt hat und dann auf den Menschen überging. Sie befürchten, daß sich dieser Mechanismus wiederholen könnte. So seien in Kamerun Menschen mit Aids-Symptomen aufgetaucht, bei denen jedoch Tests sowohl auf den Aidserreger HIV als auch auf die Affenvariante SIV negativ ausgefallen seien …

Erstmals sei in diesem Jahr auch der Übergang des Simian Foamy Virus, einer anderen Affenkrankheit, auf Wildjäger beobachtet worden. Auch wenn bei diesen noch keine Symptome aufgetreten sind, befürchten Experten die Entstehung neuer Krankheiten daraus.

Aids wurde durch den Verzehr von Affenfleisch auf den Menschen übertragen. Gerade der Verzehr von Wildtieren kann beim Menschen zu furchtbaren Krankheiten führen, denn auch Ebola und SARS wurden wahrscheinlich durch den Verzehr von Wildtieren auf den Menschen übertragen. Wildtiere werden aber nicht nur in Afrika oder Asien gegessen; auch in Deutschland wurden im vergangenen Jahr ca. 5 Mio. Wildtiere erlegt, viele davon für den Verzehr.

Am Ende dieses Kapitels dürfen wir noch eine Frage des Schöpfergeistes weitergeben, die Er den Menschen durch Gabriele im Jahre 1997 stellte:

„Viele von euch sagen, Tiere haben ansteckende Krankheiten. Wer hat sie angesteckt – Gott oder der Mensch? Diese Informationen nehmt ihr auf und erlebt die ansteckenden Krankheiten an eurem physischen Körper. Wer ist schuld? Gott? Oder ihr selbst?"

Die Zukunft

„Der Mord an den Tieren ist der Tod der Menschen", so lautet der Titel der 16. Ausgabe aus der Reihe *„Der Prophet"*, in der noch viele weitere Fakten zu diesem Thema zu finden sind.

In dieser Broschüre ist auch ein Auszug aus einer Gottesbotschaft aus dem Jahre 1999 zu lesen. Der Ewige sprach zu der Menschheit:

„Es ist genug mit den Auswüchsen menschlicher Niedertracht, mit den Vergehen an der Ernährerin der Menschheit, an der Mutter Erde!

Die armseligen Geschöpfe, die glauben, sie könnten den Schöpfer übertrumpfen, werden in Bälde erken-

nen müssen, daß die Mutter Erde ihnen nicht mehr gehorcht. Die Erde ist nun Mein und wird das tun, was Mein Wille ist. Das bedeutet, daß die Ursachen, die Vergehen der Menschen an der Mutter Erde, als Wirkungen immer rascher auf sie zukommen werden.“

Was diese Worte des Ewigen bedeuten, ist heute bereits unübersehbar Realität geworden. Selbst die Wissenschaft prognostiziert für die Zukunft:

- Langfristige Statistiken zeigen, daß die Zahl großer Naturkatastrophen in der zweiten Hälfte des 20. Jahrhunderts dramatisch angestiegen ist. In den fünfziger Jahren des zwanzigsten Jahrhunderts gab es rund 20 Großkatastrophen jährlich. In den neunziger Jahren hat sich diese Zahl auf neunzig erhöht. Dieser Trend setzt sich zu Beginn des 21. Jahrhunderts beschleunigt fort. Es ist besonders mit einer rasanten Zunahme der Wetterkatastrophen zu rechnen.

- Nach Studien der Münchner Rückversicherungsgesellschaft haben sich die volkswirtschaftlichen Schäden aufgrund von Naturkatastrophen verachtfacht; die versicherten Schäden seien sogar auf das 15fache gestiegen.

Diese Situation zeigt deutlich auf, daß es so ist, wie es Gott-Vater gesagt hat: Die Ursachen des Menschen kommen immer rascher zur Wirkung. Der Höhepunkt, der eventuell schon der Kippunkt ist, ist erreicht. Die Menschheit hat weder auf die großen Gottespropheten des Alten Bundes noch auf Jesus von Nazareth oder auf die erleuchteten Männer und Frauen nach Ihm gehört, so daß nun sichtbar wird, was Christus bereits 1984 durch Gabriele offenbarte:

„*Wahrlich, wahrlich, diese Zeit kündigte Ich als Jesus von Nazareth an. Und diese Zeit wurde immer und immer wieder durch Prophetenmund angekündigt. Christus – Ich, das Innere Licht – wollte jeden einzelnen Menschen, jeder einzelnen Seele, beistehen. Mein Wunsch und Mein Wille war und ist, daß sich die Menschheit dem inneren Strom zuwendet, der heiligen Kraft, und nicht die Erde schändet, nicht rüstet, nicht Feindschaft, sondern Freundschaft und Liebe pflegt und hegt. So frage Ich die Menschheit: Wem ist es möglich, die Meere zu reinigen, den Kreislauf der Erde zu säubern und zu stabilisieren? Wem ist es möglich, der Vulkantätig-*

keit Einhalt zu gebieten? Wem ist es möglich, die weiterhin auftretenden Krankheiten und Pestilenzen zu heilen, ihnen Einhalt zu gebieten? Wer kann die Erde säubern? Wer kann diesen Wohnplaneten wieder so gestalten, wie ihn Gott den Menschenkindern gab? Ist es möglich, daß der Mensch dies alles bewirken kann? Nein! Die gesetzten Ursachen werden wirksam – und sie werden sich in Bälde zeigen! Blickt in diese Welt! An allen Orten seht ihr, wie sich die Menschheit gebärdet! Krankheiten, Nöte und Sorgen, Arbeitslosigkeit und vieles mehr ist an der Tagesordnung! So rufen viele: 'Wo ist Christus?' O erkennet: Es ist eine große Zeitepoche angebrochen! Christus, das Innere Licht, hat sich erneut aufgemacht, um die Menschheit zu rufen, um jedem Einzelnen zu sagen: Du bist der Tempel des heiligen Geistes! Errette deine Seele vor der Dunkelheit und der Gefangenschaft, der geistigen Blindheit! Erwache, o Mensch, und tue Buße, denn die Zeit ist nahe, wo solches geschieht!"

Was geschehen wird, offenbarte Gott, der Ewige, der Menschheit durch Gabriele am 27. Februar 2001 in einer ernsten und schwerwiegenden Botschaft, die damals sogleich über zahlreiche Radiostationen in aller

Welt und in vielen Sprachen ausgestrahlt wurde. Zum Abschluß können Sie nun diese Worte des Schöpfers lesen. So kann kein Mensch einmal sagen, er habe es nicht gewußt.

Der Schöpfer sprach:

„ICH BIN der Gott Abrahams, der Gott Isaaks und der Gott Jakobs. Ich Bin der Gott aller wahren Propheten.
Ich, GOTT, der Allmächtige, erhebe Meine Stimme durch Meine Prophetin und Botschafterin und richte sie an die Menschheit.

Hört auf, eure Mitgeschöpfe, die eure Tiergeschwister sind, zu verzehren!
Hört auf, sie zu quälen durch Tierversuche und durch Freiheitsentzug, indem ihr sie in Ställen haltet, die tierunwürdig sind! Tiere lieben die Freiheit, ebenso wie ihr, die Menschen.
Hört auf, Kleinsttiere, das Bodenleben, zu töten durch künstliche Düngemittel, auch durch Exkremente und dergleichen!
Hört auf, Wälder abzuholzen, abzubrennen und den Tieren in Wald und Flur den Lebensraum zu nehmen. Gebt ihnen ihren Lebensraum, Wälder, Felder

und Wiesen, zurück; anderenfalls wird euer Schicksal, das ihr euch selbst auferlegt habt, euer Haus und Hof und eure Ernährungsquellen wegnehmen durch weltweite Katastrophen, die ihr selbst geschaffen habt durch euer Verhalten gegen das Leben, gegen die Reiche der Natur, einschließlich der Tiere.

Sollten die Menschen Meine Worte abermals dem Wind übergeben, dann wird für sie der Sturm, das weltweite Schicksal, einsetzen und die Menschen zu Hunderttausenden hinwegraffen – zum einen durch weltweite Katastrophen, zum anderen durch Krankheiten, die ähnlich wie Seuchen über sie hereinbrechen und die sie durch ihre Abkehr von jeglicher geistigen Ethik und Moral den Tieren auferlegt haben, die sie derzeit zu Tausenden verbrennen. Wer nicht umkehrt, dem wird es ähnlich ergehen.

Mein Wort ist gesprochen. Die weltweite Apokalypse ist im Gange. Wer nicht hören will, wird in immer kürzeren Abständen seine geschaffenen Ursachen als Wirkungen fühlen. Ich habe die Erde mit ihren Pflanzen, Tieren und Mineralien zu Mir erhoben. Wer weiterhin an die Mutter Erde mit all

ihren Lebensformen Hand anlegt, der wird die Wirkungen spüren. Hört auf, zu quälen, zu töten und zu morden!
Hört auf, ihr Menschen, mit eurem bestialischen Verhalten, das ausschließlich euch trifft und kein anderes Wesen; denn was ihr den Geringsten eurer Mitgeschöpfe antut, das tut ihr Mir an und euch selbst.
Es ist genug! Kehrt um, sonst setzt sich die Ernte fort, die eure Saat ist.
ICH BIN der ICH BIN, immer Derselbe, gestern, heute und morgen, in alle Ewigkeit."

Die Zukunft der Welt können all jene, die diese göttlichen Offenbarungsworte mit Herz und Verstand gelesen haben, erahnen. Doch die Zukunft des einzelnen Menschen bestimmt jeder von uns selbst, denn wir sind die Erbauer unseres Schicksals. Bereits 1989 wies uns Bruder Emanuel auf folgendes hin:

„Diese Welt, so wie sie jetzt ist, ist nicht mehr zu retten. Zu retten ist die Seele und der Mensch, doch auch hier heißt es: Rette sich, wer sich retten lassen will. Ich lege bewußt Wert auf das Wort 'will', denn die Rettung ist einzig der Christus, Der in jedem von euch ist, die Erlöserkraft, die frei macht."

Der Christus-Gottes-Geist hat uns Menschen in Seiner Fürsorge und Liebe durch Gabriele unzählige Male einen Rettungsanker zugeworfen, damit jeder suchende und willige Mensch das sinkende Weltenschiff verlassen kann, um Sicherheit und Halt bei Christus zu finden. Wenn Sie möchten, lesen Sie mit diesen Gedanken die Worte unseres Bruders und Erlösers Christus aus dem Jahre 1992:

„... Ich, der Christus Gottes, rufe alle Menschen zur Umkehr auf. Umkehr heißt Einkehr in das Innere Leben; denn das Reich Gottes ist als Kraft und Licht in jedem von euch. Jeder von euch ist tief in seinem Inneren ein Wesen aus Gott, das Ich, Christus, durch Meine Erlösertat wieder zurückführe zum Ur-Strom des Lebens, zu Gott. Deshalb rufe Ich alle Menschen auf, den Weg zum Inneren Leben zu nehmen. Das Innere Leben erlangt der Mensch, indem er die Gebote des Lebens verwirklicht und die Bergpredigt in seinem Leben anwendet. Dann tritt er mit dem Inneren Leben in Kommunikation und kann vom Reich des Lebens, vom Inneren Reich her, geschützt werden ...

Ihr Menschen dieser Erde, jetzt heißt es nicht mehr: Rette deinen Leib. Jetzt heißt es: Rette deine Seele, auf daß dein Leib geschützt werden kann, wenn es gut ist für Seele und Leib. Ihr Menschen dieser Erde, Ich wiederhole: Es heißt nun: Rettet eure Seelen! Und der Retter Bin Ich, Christus, euer Erlöser. Fraget nicht, wo Ich Bin. Suchet Mich nicht da und dort. Ich Bin der Geist des Lebens in Gott, eurem und Meinem Vater. Der Geist des Lebens wohnt in euren Seelen. Dort könnt ihr Mich finden. Deshalb geht der Weg zum Leben, zum Retter, nach innen. Der Mensch also muß umkehren und einkehren, indem er die Gebote des Lebens, die Zehn Gebote, mehr und mehr verwirklicht und die Bergpredigt in sein Leben einbezieht. Auf diese Weise findet der Mensch Einlaß in das Innere Leben zum Christus Gottes, Der Ich als Kraft und Licht in jedem von euch Bin.

Es heißt also nicht mehr: Rette deinen physischen Leib. – Rette deine Seele! Und es gibt nur einen Retter: Das Bin Ich, Christus, in Gott, eurem und Meinem Vater. Wo suchet ihr Mich? Wo werdet ihr Mich finden? Nicht im äußeren Tand. Dieser geht zu Ende. Einzig in euch selbst Bin Ich das Leben, der Retter. Ihr findet Mich, indem ihr den Weg einwärts geht, hin zum Königreich des Inneren Lebens; denn das Reich Gottes ist inwendig in euch. So merket wohl: Jeder von euch ist der Tempel des heiligen Geistes. Wer diesen Tempel reinigt, der heiligt diesen Tempel und findet Zugang zum Inneren Leben, das Ich Bin. Alle äußeren Tempel – einerlei, wie sie sich nennen – werden vergehen. Sie fallen der Umwandlung anheim. Die Erde wird zum Brachland werden, damit sie aus sich selbst wieder neues Leben zu schöpfen vermag ...

Ihr Menschen dieser Erde, empfangt abermals Meinen Frieden und Mein Heil. Denkt daran: Ich Bin der einzige Retter. Ihr braucht Mich nicht da und dort zu suchen – ihr findet Mich in eurem Inneren, denn jeder von euch ist der Tempel, in dem das Heil wohnt. Reinigt den Tempel, heiligt den Tempel – und ihr befindet euch im Reiche des Inneren, dem Ich, Christus, der Sohn des Allerhöchsten, angehöre und dem auch ihr angehört. Denn tief in eurem Inneren seid ihr Kinder des ewigen Reiches.

Meinen Frieden brachte Ich euch, und Meinen Frieden lasse Ich euch. Friede.“

Anhang

Die Botschaft aus dem All

Die Gottesprophetie heute Nicht das Bibelwort

Der Geist Gottes hat nicht die Stimme der Menschen. Deshalb nahm Er sich einen Menschen, den Er zu Seiner Prophetin ausbildete, um die Himmelssprache in Menschenworte zu übersetzen.

Durch Gabriele, die Prophetin und Botschafterin Gottes, spricht der Christus-Gottes-Geist durch Menschenmund Seine Botschaft seit über 30 Jahren in die Welt. Die Botschaften aus dem All enthalten Antworten auf die Grundfragen des Menschen: über Sinn und Zweck des Erdenlebens, über die Unsterblichkeit der Seele und ihre Reinkarnation in mehreren Erdenleben; auch von großen Katastrophen ist die Rede, die eine Menschheit treffen, die weiterhin die Mutter Erde schändet, Natur und Tiere malträtiert und untereinander Krieg führt. Gott hat rechtzeitig gewarnt - und nun ruft der Christus-Gottes-Geist jedem Menschen zu: Rette sich, wer sich retten lassen möchte!

Die Botschaft aus dem All

Band 1 *

Aus dem Inhalt: „Ich Bin der Gott der Liebe! Die Erde ruft Mich, den Schöfer, um Erbarmen.“ - „Wer Mich kennt, der geht an Meiner Hand.“ - „Laß werden, was in den Himmeln ist.“ - „Die Welt spricht von Frieden. Wo ist der Friede?“ - „Spürt Mich gegenwärtig in euch.“ u.v.a.m.

272 S., geb., Best.-Nr. S 137
ISBN 978-3-89201-126-2
Euro 18,00 (D). Euro 18,50 (A). Fr 31,90

Band 2 *

Aus dem Inhalt: „Das Barometer Natur zeigt auf, wo die Menschheit steht.“ - „Ich strahle euch Mein Licht zu, auf daß ihr euch zum Lichte hin verändert.“ - „Gott, die große Liebe, wohnt in deiner Seele. Möchtest du einen Funken der Gottes- und Nächstenliebe entfalten?“ u.v.a.m.

264 S., geb., Best.-Nr. S 138
ISBN 978-3-89201-196-5
Euro 18,00 (D). Euro 18,50 (A). Fr 31,90

Band 3

Aus dem Inhalt: „Lebt gegenwärtig - dann steht ihr in Kommunikation mit den erhaltenden, göttlichen Lebensenergien.“ - „Kehre ein in den Seelengrund, denn der Seelengrund Bin Ich.“ - „Aktiver Glaube: Tue es!“ - „Lernt die Selbstheilungskräfte zu aktivieren ...“ u.v.a.m.

264 S., geb., Best.-Nr. S 141
ISBN 978-3-89201-256-6
Euro 18,00 (D). Euro 18,50 (A). Fr 31,90

* Früher erschienen unter dem Titel: „Der Allgeist, GOTT, spricht unmittelbar durch Seine Prophetin in unsere Zeit hinein. Er spricht nicht das Bibelwort.“

JESUS war ein Mann des Volkes - nicht der Kirche!

Das ist Mein Wort A und Ω

Das Evangelium Jesu

Die Christus-Offenbarung, welche inzwischen die wahren Christen in aller Welt kennen

Ein Buch, das Sie um Jesus, den Christus, wissen läßt. Die Wahrheit über Sein Wirken und Leben als Jesus von Nazareth.

Aus dem Inhalt: Kindheit und Jugend Jesu • Die Verfälschung der Lehre des Jesus von Nazareth • Pharisäer gestern und heute • Jesus liebte die Tiere und setzte sich immer für sie ein • Die Bergpredigt • Sinn und Zweck des Erdenlebens • Voraussetzungen für die Heilung des Leibes • Jesus lehrt über die Ehe • Vom Wesen Gottes • Gott zürnt und straft nicht. Das Gesetz von Ursache und Wirkung • Die Lehre der „ewigen Verdammnis" ist eine Verhöhnung Gottes • Über Tod, Wiedergeburt und Leben • Gleichstellung von Mann und Frau • Die kommende Zeit und die Zukunft der Menschheit • Die wahre Bedeutung der Erlösertat Christi u.v.a.m.

NEU: Mit Audio-CD der Originalaufzeichnung eines Göttlichen Prophetischen Heilens, gegeben durch Gabriele, die Prophetin und Botschafterin Gottes für diese Zeit; außerdem eine kurze Autobiographie von Gabriele, inklusive Kohlezeichnung.

1128 S., geb., Euro 19,80 (D). Euro 20,40 (A). Fr 34,80
Best.-Nr. S 007. ISBN 978-3-89201-271-9